Dietmar Bittrich

Altersglück

Vom Segen der Vergesslichkeit

| Hoffmann und Campe |

Für meinen Bruder

1. Auflage 2008

www.hoca.de
Einbandgestaltung: Steigenberger Grafikdesign, München
Satz: Dörlemann Satz, Lemförde
Gesetzt aus der Proforma Book
Druck und Bindung: GGP Media GmbH, Pößneck
Printed in Germany
ISBN 978-3-455-40089-2

HOFFMANN UND CAMPE

Ein Unternehmen der
GANSKE VERLAGSGRUPPE

I Willkommen im Club

Überraschungen

Ich war fünfundzwanzig und Student der Botanik, als man mir riet, dem Club der Zerstreuten beizutreten. Für die Aufnahme in diese englische Institution sind drei Zeugen nötig, die dem künftigen Mitglied häufige Geistesabwesenheit, Konzentrationsschwäche und Gedächtnisschwund bescheinigen. Mindestens drei glaubwürdige Belege für die Zerstreutheit sind vorzulegen. In meinem Fall gelang das. Mit achtzehn hatte ich begonnen, Achtsamkeitsmeditation zu praktizieren, morgens und abends. Das hatte an meiner Unachtsamkeit nichts geändert.

Ich zog meinen Pullover verkehrt herum an. Ich vergaß meine Tasche zu Hause oder im Seminarraum. Wenn ich sie mitnahm, fehlten die entscheidenden Papiere. Ich stieg in den falschen Bus und redete den Professor mit dem Namen seines Assistenten an, obgleich er mir seit acht Semestern gewogen und mein Doktorvater war. Dieser Gelehrte war der Erste, der mich auf den Club der Zerstreuten aufmerksam machte und sich als Zeuge bereit erklärte.

Der Zweite war der Hausmeister des Botanischen Instituts. Ich war zu ihm gegangen, um zu telefonieren. Auf dem Parkplatz hatte ich mich vergeblich bemüht, mein Auto aufzuschließen. Nun blieb mir nichts übrig, als eine Werkstatt anzurufen. »Kennen Sie irgendeinen günstigen Pannendienst?«, fragte ich den Hausmeister, der in seiner gläsernen Loge Zeitung las. Insgeheim hoffte ich, er selbst würde mir helfen; er war gelernter Mechaniker.

»Springt er nicht an?«, fragte er müde.

»Das weiß ich noch nicht«, sagte ich witzig. »Ich kriege ihn nämlich nicht auf.«

Er spähte aus dem Fenster auf den Parkplatz. »Der da hinten?«, forschte er und zeigte in die falsche Richtung.

»Nein, der hier vorn, in der ersten Reihe.« Erst als ich den Zeigefinger hob, fiel mir auf, dass es noch andere Autos dieser Bauart und Farbe gab. »Der hier vorn ist mein Wagen«, seufzte der Hausmeister. »Ihrer steht da hinten. Hoffentlich haben Sie nicht wieder mein Schloss kaputt gemacht!«

Der Dritte war ein Kommilitone, dem ich ein erstaunliches Präparat vorführen wollte. Zu meinem Ärger interessierte er sich nicht dafür. Wir arbeiteten damals an der Klassifizierung bislang nicht erfasster Pflanzenarten. Zu welcher Art eine Pflanze gehört, lässt sich oft erst sagen, wenn man Blütenstaub oder Pollen unter ein Elektronenmikroskop legt. Das Präparat, das ich gerade untersuchte, offenbarte etwas Verblüffendes. Die Pflanze gehörte in eine ganz andere Familie, als die Forscher bislang angenommen hatten. Noch aus dem Laborraum rief ich den Kommilitonen an, der drei Etagen über mir an einer schriftlichen Arbeit saß. Er versprach, sofort zu kommen.

Ich wartete. Für einen Botaniker gibt es in Europa nicht mehr viel Aufregendes zu entdecken, aber dieser Fund ließ mein Herz pochen. Umso eigenartiger, dass der Kommilitone nicht gleich erschien. Ich wartete zehn Minuten. Wäre er sofort losgegangen, mit der Eile, die dem Fund angemessen war, hätte er nicht länger als fünf Minuten benötigen dürfen. Offenbar ließ er sich Zeit. Ich zeichnete das mikroskopische Bild ab, ich machte mir Notizen, ich wusch mir die Hände. Als er nach einer Viertelstunde nicht erschienen war, wurde ich ärgerlich. Missvergnügt starrte ich auf das Präparat. Nach zwanzig Minuten hoffte ich, er sei im Fahrstuhl erstickt. Sein Verhalten war eine Geringschätzung meiner Arbeit, ja der Botanik überhaupt. Dieser Mann erwies sich als ungeeignet für die Wissenschaft. Solche Leute lähmten die Forschung!

Eine halbe Stunde war vergangen, er ließ sich nicht blicken. Wollte er seine persönliche Bedeutung unterstreichen? Wollte er beweisen, dass seine buchhalterische Arbeit wichtiger war als meine außerordentliche Entdeckung? War er neidisch, eifersüchtig, bösartig? Bebend rief ich ihn an. Er nahm gleich ab. Also hockte er immer noch in seinem Zimmer!

»Ich werde hier nicht ewig das Präparat für dich im Mikroskop halten!«, rief ich. »Wenn du es dir noch ansehen willst, komm bitte sofort!«

»Aber Dietmar«, entgegnete er verwundert. »Ich war vor einer halben Stunde da!« Die Telefonleitung rauschte. Im Rauschen war die kosmische Leere meines Gehirns hörbar. »Ich bin doch sofort gekommen!«, hörte ich seine Stimme von einem anderen Planeten. »Du hast es mir gezeigt, und wir haben darüber gesprochen! Ja, sag mal – weißt du das etwa nicht mehr?«

Doch, doch, ja, richtig, entsetzlich, alles wahr. Jetzt fiel es mir ein. Ich musste mich setzen und ausruhen. Natürlich. Er war da gewesen. Wir hatten sogar über den Fund diskutiert. Sicher. Zweifellos. Ich hatte es nur vergessen.

So wurde ich Mitglied im Club der Zerstreuten. Mittlerweile sollen die Aufnahmebedingungen verschärft worden sein. Bei dem wachsenden Andrang blieb nichts anderes übrig. Genau weiß ich es allerdings nicht, denn wo die Hamburger Clubmitglieder sich mittlerweile treffen, ist mir entfallen. Im Anglo-German-Club, der damals für uns einen Salon reserviert hielt, habe ich sie nicht mehr gefunden. Oder war es im Übersee-Club? Wissen Sie es? Haben wir uns dort mal getroffen? Dann gehen Sie womöglich noch hin? Spielt man wie eh und je Memory? Hört man Beethovens späte Streichquartette?

Macht ja nichts. Ich genieße meine Zerstreutheit auch ohne Ledersessel und Tonic zu elf Euro pro Glas. Außerdem weiß ich mittlerweile, dass es Phasen im Leben gibt, auch Phasen der Zerstreutheit. Neptun im ersten Haus oder Neptun über Merkur oder Uranus-Merkur-Quadrat. Das kann eine Weile dauern. Und ich habe gelernt, dass einige Menschen grundsätzlich ablenkbarer sind als andere. Es gibt nun einmal Leute, die sich nie ausschließlich auf eine Sache konzentrieren. Ihre Gedanken springen unablässig hin und her. Das ist eine Veranlagung, und zwar eine schöpferische. Selbst wenn so ein springender Geist fünfzig Jahre im Zen-Kloster meditiert, wird er niemals *one-pointed* sein.

Gedächtnistraining

Das ist so gewollt und unabänderlich. Trotzdem habe ich vor Kurzem begonnen, meine Konzentrationsfähigkeit zu trainieren und das Gedächtnis ein wenig aufzufrischen. Einige Freunde haben mir dazu geraten, andere werten diesen Entschluss als alarmierendes Zeichen. Meine Frau hat ihn mit sonderbarem Nachdruck unterstützt. Ich löse keine Kreuzworträtsel. Damit begann mein Vater im fortgeschrittenen Alter und schrieb mit den Jahren immer merkwürdigere Wörter in die Felder. Seine Sudokus löste er alle bis zuletzt, unabhängig von der Schwierigkeitsstufe; nur kaum eines gemäß den Regeln. Das also lasse ich lieber. Ich werde auch nicht damit beginnen, Ziffernfolgen auswendig zu lernen oder Bilder für Zahlen zu bimsen: Kerze für die Eins, Schwan für die Zwei, Dreirad für drei, Kleeblatt für vier, Hand für die Fünf, Würfel für sechs, welches Bild galt für die Sieben? Zwerge?, jedenfalls eine Sanduhr für die Acht, Kegel für neun, ein Ei für die Null. Immerhin, all das habe ich eben auswendig hingeschrieben! Aber solchen Methoden fehlt das Herz. Stattdessen habe ich das alte Memory-Spiel meiner Mutter aus dem Schrank geholt.

»Damit willst du dein Gedächtnis trainieren?«, zweifelte meine Frau.

»Ganz genau. Man muss die Bilder einander zuordnen, immer paarweise, hier zum Beispiel, bitte sehr: Walnuss zu Walnuss, Schornstein zu Schornstein, Blau zu Blau. So geht das.« Es ist das fünfzig Jahre alte Original.

»Aber sollte man nicht vorher alle Kärtchen mit der Bildseite nach unten legen?«, wandte sie ein.

»Ach so. Ja. Richtig!«

»Ich schlage dir etwas anderes vor«, sagte sie freundlich. »Etwas, das zugleich deine Beobachtung der Realität schult. Das deine buddhistische Achtsamkeit trainiert. Denn damit hängt das Gedächtnis zusammen. Du siehst doch dauernd aus dem Fenster!«

Dauernd natürlich nicht. Aber es ist für die Augen entspannend. »Wissenschaftler empfehlen, gelegentlich den Blick über den Bildschirm zu heben und in die Ferne zu richten.«

»Und das tust du unabhängig von der Wissenschaft seit ungefähr fünfzehn Jahren.«

Tatsächlich hat sich mein Arbeitsplatz in dieser Zeit nicht geändert. Seit fünfzehn Jahren sitze ich an demselben Schreibtisch mit der Front zum Fenster; nicht optimal nach den Gesichtspunkten des Feng Shui, aber ich kann mich an diesem Platz gut konzentrieren. Oder war ich bislang lediglich dieser Ansicht? Muss ich anders sitzen und anderswo hinsehen?

»Sieh jetzt mal mich an, nur als Experiment«, schlug meine Frau vor. »Du hast seit fünfzehn Jahren diesen selben Ausblick. Erinnerst du dich an das, was du draußen siehst?«

Beklommen versuchte ich: »Das Haus gegenüber?«

Sie bestätigte das mit freundlicher Anerkennung. Als Gesprächstherapeutin ist sie geübt, eine bejahende Atmosphäre zu schaffen. »Genau genommen sind es mehrere aneinandergebaute Häuser, sie gehören zum selben Block«, ergänzte sie. »Aber nehmen wir das Haus genau gegenüber. Weißt du, wie viele Stockwerke es hat?«

»Meinst du Etagen?«, fragte ich, um Zeit zu gewinnen.

»Ruf dir einfach das Bild vor's innere Auge«, fuhr sie ungerührt fort. »Irgendeine Erinnerung wirst du ja haben.«

Unter diesem Druck erschien mir lediglich eine trübe Fata Morgana: »Vier Stockwerke?«

»Wenn du das Dachgeschoss nicht mitrechnest, sind es vier.«

Na bitte. Ich lächelte zufrieden.

»Hat das Haus Balkons?«, forschte sie weiter. Und weil mein Nicken nicht reichte: »Sind einige davon verkleidet?«

»Verkleidet?«

»Die Balkongitter?«

»Balkongitter«, wiederholte ich nachdenklich. »Einige, glaube ich, schon.«

»Und haben andere Balkons Markisen?«

Sie war der Quizmaster. Der einzige Preis, den ich schwitzender Kandidat gewinnen konnte, war: als halbwegs normal zu gelten.

»Hast du eine einzige Balkonverkleidung in Erinnerung?«, wollte sie wissen.

Ich versuchte: »So eine grüne?«

Ihrem Blick war keine Bestätigung zu entnehmen. »An welchem Balkon?«

»Jetzt gehst du zu weit!« Auf so etwas hätte ich mich vorbereiten müssen.

»Es gibt lediglich eine einzige Balkonverkleidung«, teilte sie mit, »aus grauen Strohmatten, im ersten Stock, von hier aus gesehen links. Nach den Markisen will ich dich jetzt nicht fragen.«

»Vielen Dank.«

Sie wirkte ernsthafter als angemessen. »Dietmar, natürlich nur, wenn du wirklich Lust hast: Es ist eine einfache Übung.«

»Den Blick auf das Haus auswendig zu lernen?«

»Eine Achtsamkeitsübung. Zur Stärkung der Konzentrationsfähigkeit. Und wenn du Spaß daran findest, kannst du sogar gelegentlich um den Block herumgehen und die Namen von den Klingelschildern ablesen. Denn manchmal siehst du ja die Leute, zu denen sie gehören!«

Ich wandte mich wieder dem Fenster zu. »Da ist eigentlich nie jemand zu sehen.«

»Wozu hast du dann dein Fernglas?«, fragte sie im Verhörton.

»Was für ein Fernglas?«

»Dieses hier!« Mit erschreckender Zielsicherheit griff sie hinter die Bücher in der obersten Regalreihe und förderte meinen Feldstecher ans Licht.

»Nanu!«, staunte ich.

»Vollkommen staubfrei, im Gegensatz zu den Büchern.«

»Jetzt verblüffst du mich!«

»Richte es vorübergehend nicht nur auf die beiden Mädchen im Dachgeschoss, dann lernst du allmählich deine gesamte Nachbarschaft kennen. Du wirst mit der Zeit die Namen zuordnen können, kannst auf der Straße grüßen, am Ende weißt du sogar, wie viele Stockwerke das Haus gegenüber hat!«

»Fünf.«

Das ist eine Weile her, und ich habe das Haus achtsam studiert. Es stammt aus den späten Zwanzigerjahren, aus der backsteinernen Bauzeit der Stadt. Mit der Zeit ist es hässlicher geworden. Die ursprünglichen Sprossenfenster sind in den Siebzigern gegen großflächig putzbare Thermopanescheiben ausgetauscht worden. Etwas später wurden die alten vorgehängten Balkone durch spinnengitterige an Stützpfeilern ersetzt.

Viel geschieht nicht. Jemand tritt auf den Balkon und sieht nach dem Wetter. Jemand hängt Wäsche auf oder schüttelt ein Staubtuch aus. Jemand zündet sich eine Zigarette an. Die beiden Mädchen im Dachgeschoss ziehen neuerdings den Vorhang zu. Über dem Ziegeldach treiben die Wolken.

Unten im Hof, eingefasst von dunklen Ligusterhecken, gibt es einen Kinderspielplatz mit Schaukel und Wippe und Tischtennisplatte. In der ummauerten Sandkiste sehe ich einen Dreijährigen in blau-weiß gestreifter Latzhose. Er schiebt ein gelbes Plastikauto auf der Mauer entlang, immer ums Karree, beharrlich durch den Sand auf der holperigen Bahn: »Rrrrr, rrrrr, rrrrr.« Ein etwas älteres Mädchen, vielleicht seine Schwester, sitzt auf der Schaukel, unbekümmert um Sinn und Zeit, und schwingt sich endlos durch den Vorfrühlingstag.

So saß García Márquez bei seinem letzten Interview in der Hollywoodschaukel, bei dem er keine einzige Frage mehr beantwortete und nur noch summte. So durchschaukelte meine Mutter ihren letzten Sommer, als Sinn und Zeit ihr gleichgültig geworden waren. Meine Generation, die Generation der Spleenager, wird so schaukeln. Fortgeschrittene haben schon angefangen. Das sind herrliche Aussichten. Ob die konkrete Aussicht hier genügend hergibt für ein Gedächtnistraining, weiß ich hingegen nicht.

Närrische Reime

Bereits die Anflüge von Trainingsbemühungen, egal welcher Art, erklären mir Freunde, seien ein beunruhigendes Symptom. Wer sein Gedächtnis in Schwung bringen wolle, behaupten sie, tue das, weil tief in ihm eine Ahnung heranwächst. Lange bevor diese Ahnung sein Bewusstsein erreicht, lässt sie ihn bereits handeln.

»Du versuchst gegenzusteuern«, diagnostizierte einer.

»Gegen was denn?«

»Gegen das, was du an dir bemerkt hast«, sagte er.

»Bei mir läuft gerade der Neptun durchs erste Haus«, erläuterte ich witzig. »Ich sehe das spielerisch.«

»Versuche es!«, riet er. »Man sagt ja: Im zweiten Stadium merken es auch die anderen. Im dritten Stadium merken es *nur* noch die anderen.«

»Du meinst, ich bin noch im ersten Stadium?«

»Ich wünsche es dir.«

Leider ist mir entfallen, wer der Gesprächspartner war. Waren Sie es? Hatten Sie mich angerufen? Möglich. Oder trafen wir uns nach einer Lesung? Danke jedenfalls!

»Gegensteuern«! Ich nehme es leicht. Das Leben verliert mit den Jahren an Ernst. Vermutlich ist es nie ernst gewesen. Doch lange habe ich daran geglaubt. Werte wie Entwicklung und Persönlichkeitsentfaltung schienen wichtig und wahr, von Selbstverwirklichung ganz zu schweigen. Erfunden habe ich diese Begriffe nicht. Wer mag davon geredet haben? Von den Zielen und von den Wegen und von den Schritten, mit denen sie zu erreichen wären? Wer hat uns dergleichen eingetrichtert? Eltern, Lehrer, Gurus, Motivationstrainer? Auf jeden Fall Leute, die auch schon nicht glücklich damit wurden.

Jetzt die Erleichterung. Nichts ist befreiender, als wenn dergleichen Bedeutsamkeiten abhandenkommen und der Ernst sich verflüchtigt. Was könnte jemals hinausgehen über das Glück, in den Himmel zu schaukeln oder ein Plastikauto auf holpriger Mauer zu schieben?

Immanuel Kant, der Prediger gehobener Selbstverantwortung, begann in späten Jahren, die Liedertexte seiner Kindheit wieder zu erlernen und in kleiner Runde vorzutragen. Gäste und Schüler reagierten mit milder Verwunderung, applaudierten besorgt und versuchten, das Gespräch nach alter Gewohnheit auf die Metaphysik zu lenken. Anfangs gelang das, bald immer seltener. Schließlich mussten sie einsehen, dass der Philosoph größeres Interesse an Abzählversen hegte als an den Fragen von Vernunft und Ethik. Einige hielten das für bejammernswert, andere für den Gipfel der Altersweisheit.

Aus heutiger Sicht mögen die Übungen mit schlichten Reimen ein intuitiver Versuch der Vorbeugung gewesen sein. Ob dieser Versuch etwas genützt hat, und sei es nur im Sinne einer Verzögerung, ist fraglich. Sicher ist, dass Kant mit den Kategorien seines eigenen Denkens bald nichts mehr anzufangen wusste. Mit »erschröcklicher Heiterkeit«, notierte ein Schüler, »trug er uns närrische Reime vor«. Heiterkeit, ja, närrisch auch, aber warum erschröcklich? Ich hätte es gern erlebt. Ich werde es andere erleben lassen.

Vorerst jedoch tue auch ich, wofür sich dieser Meister anfangs nicht zu schade war, im sogenannten ersten Stadium, bevor es auch die anderen merken: Ich gebe mir etwas mehr Mühe. Für den heutigen Tag, zum Beispiel, habe ich mir notiert: »19 Uhr N. N.« Damit ist ein Besucher gemeint, vielleicht eine Besucherin. Ganz unter uns: Sind Sie es? Möchten Sie ein Buch signieren lassen? Einfach nur Tee trinken? Oder mich noch einmal mitnehmen in den Club der Zerstreuten? Sind wir verabredet? Dann rufen Sie kurz vorher noch einmal an, ja?

Als ich die Notiz in den Kalender schrieb, wusste ich natürlich genau, wer sich angesagt hatte. Als eine Art Wette mit mir selbst habe ich den Namen nicht ausgeschrieben – verzeihen Sie, wenn es sich um Ihren handelt. N. steht für Vorname, und N. steht für Nachname, das ist klar. Aber sonst?

»Du weißt, wer heute Abend kommen will«, hieß es heute morgen. Ich nickte mit blank gefegter Leinwand. »Dann zieh dir rechtzeitig etwas Besseres an.«

Schön, das wird sich machen lassen. Soll eine dermaßen vage Andeutung ein Test sein? Besuch kommt nie so ganz passend. Wenn nicht Sie es sind, habe ich den Namen also eher verdrängt als vergessen. Dann ist es vielleicht eine Freundin meiner Frau. Davon wäre ich am wenigsten betroffen. Ich könnte es durch geschicktes Fragen herausbekommen, im Notfall auch durch ungeschicktes Fragen.

Was mache ich hier?

Aber einen Notfall habe ich noch nicht erlebt. Vielmehr habe ich gelernt, mich auf Überraschungen zu freuen. Ich stehe plötzlich im Wohnzimmer und rätsele, weshalb ich hingegangen bin. Doch nicht nur, um ein paar Schritte zu tun? Sonderbar. Aber so ein verwundertes Innehalten ist nicht ungewöhnlich für einen beschäftigten Geist. Und was mache ich nun im Wohnzimmer? Mal umschauen. Ich nehme die Überraschung als Geschenk.

Oder ich stehe im Keller, warum eigentlich? Um das Fahrrad zu reparieren? Womöglich wie Philippe Thys, der Radrennfahrer, der seine späte Erfüllung darin fand, den Reifen aufzupumpen, die Luft herauszulassen, wieder aufzupumpen, abzulassen und immer so fort? Oder um Altpapier zu bündeln? Ich könnte die Kartons durchsehen, das ist seit Jahren fällig. Für diesmal mache ich es mir einfacher: Ich nehme eine Weinflasche mit nach oben; das kann nicht ganz falsch sein!

»Du hast Essig geholt?«, wundert sich meine Frau, als ich die Flasche auf den Küchentisch stelle.

Ich betrachte das Etikett. Überraschung! Mir fällt ein: »Für unseren Besuch reicht es. Wir wollen keine Kostbarkeiten vergeuden.«

Sie lächelt und rückt nicht mit Informationen heraus.

Gestern Abend lockte das Surren der elektrischen Zahnbürste meine Frau herbei. »Du hast dir die Zähne doch eben schon geputzt!«, staunte sie.

Aha, also doch. Eine vage Erinnerung daran rumorte in mir. »Ich hatte das Gefühl, sie waren nicht ganz sauber geworden«, behauptete ich. Und das stimmt schließlich immer. Weil er förderliche Dinge zuweilen zweimal tut, lebt der zerstreute Geist gesünder. Die Club-Mitglieder werden alle sehr alt, allerdings bekommen die wenigsten mit, *wie* alt.

Eines unserer bekanntesten Mitglieder, Bruce Chatwin, schrieb im Auftrag des Clubs ein Buch mit dem Titel: *Was mache ich hier?* Es ist die Frage, die alle Mitglieder immer wieder bewegt oder vielmehr in der Bewegung anhalten lässt.

Ich wandere mit dem Einkaufswagen durch den Supermarkt und frage mich, was ich dort will. Ich habe mir angewöhnt, Einkaufszettel zu schreiben und sie auf dem Küchentisch liegen zu lassen. Nicht versehentlich, sondern weil das Buch *Gehirnjogging für Fortgeschrittene* zu dieser Übung rät. Zu Hause notieren genügt. Das geschriebene Wort prägt sich ein. Nur der visuelle Einkaufszettel ist nötig. So steht es im Buch.

Forschend wandere ich durch die Regalreihen. Was könnte ich brauchen? In meinem Inneren suche ich den Einkaufszettel. Könnte ich ihn visuell verlegt haben? Oder hätte ich die andere Übung machen sollen und mir die Gegenstände bildlich am Körper vorstellen müssen? Das Tomatenmark zwischen die Zehen quetschen, nur gedanklich natürlich, die Spaghetti an den Gürtel binden, die Sahne im Ausschnitt des Pullovers verschwinden lassen, das Olivenöl ins Haar schmieren, alles nur visuell, aber so prägt es sich ein? Zu spät. Natürlich könnte ich diese Lebensmittel einkaufen, nur haben wir davon schon einen beträchtlichen Vorrat.

Übrigens – wenn ich mich nicht täusche, sind wir uns im Supermarkt schon manchmal begegnet, Sie und ich. Sie warfen einen prüfenden Blick in meinen leeren Wagen und dann auf mich. Ja, ja. Ich nickte im gegenseitigen Erkennen.

Ihr Wagen war ebenfalls leer, das ist mir nicht entgangen! Um über Ihre Orientierungslosigkeit hinwegzutäuschen, griffen Sie eilig zum ersten Artikel in Augenhöhe und taten so, als hätten Sie genau das gesucht: Bügeleisenreinigungsspray. Prima! Das kann man ja immer gebrauchen.

Macht nichts. Dieses Verhalten ist mir vertraut. Nach einigen Leerfahrten kreuz und quer nebst Umrundung der Sonderangebote und nach vergeblichem Grübeln kaufe ich stets irgendetwas, selbst wenn es mir manchmal so vorkommt, als hätte ich nur vor dem Regen Zuflucht gesucht. Gleichwohl möchte ich nicht mit leerem Wagen an der Kasse vorbeirollen und den Verdacht des Hausdetektivs erregen oder nur die Kassiererin enttäuschen. Auf diese Weise sind meine Frau und ich zu vielen interessanten Lebensmitteln gekommen, die wir nie vermisst hatten. Sprotten in Salz, Fruchtgummischnüre, Tofu geräuchert, Kokosmilch, Zuckerschrift, Grünkohl im Glas. »Man nennt es Gehirnjogging«, erkläre ich ihr.

Illusionen

Das Einzige, was mir von Supermärkten unauslöschlich in Erinnerung bleibt, ist ein Erlebnis mit meinem Vater. Er war achtzig, als der Hausarzt empfahl, ihn und meine Mutter neurologisch untersuchen zu lassen. Der Arzt nannte es »Abklärung«. Ich erinnerte mich an einen Schulfreund, der Neurologe geworden war. Meine Eltern kannten ihn noch mit Vornamen, Nicolas. Jetzt war er Dr. Nowack. Bei ihm würden sie sich nicht unter Druck gesetzt fühlen.

»Haben Sie einen Supermarkt bei sich im Ort?«, erkundigte sich Dr. Nowack, nachdem mein Vater bei einigen Rechenaufgaben und Gedächtnisproben im DemTect-Test schlecht abgeschnitten hatte.

Die Frage nach dem Supermarkt schien ihm nun herrlich leicht. »Ja!«, strahlte er. »Neukauf! Das ist sogar ein Riesensupermarkt für so ein kleines Dorf!« Er war stolz.

»Wie oft kaufen Sie da ein?«

»Na, ein- oder zweimal in der Woche!«, antwortete mein Vater im Vollbesitz seiner Souveränität.

Erst jetzt traf ihn die eigentliche Frage: »Und *was* kaufen Sie?«

Er staunte den Arzt an. »Ich verstehe nicht?« Es fiel ihm nichts ein.

»Nennen Sie einfach ein paar Artikel«, half der Doktor. »Was kann man so kaufen im Supermarkt? Irgendetwas!«

Mein Vater schien zu überlegen. Kein plausibler Gedanke zeigte sich, kein inneres Bild tauchte auf. Enttäuscht murmelte er: »Ich komme jetzt nicht drauf.« Seit seinem Staatsexamen war er nicht mehr geprüft worden.

Der Neurologe gab sich freundschaftlich: »Lassen Sie sich Zeit.«

Nach langem Schweigen flüsterte mein Vater: »Brot?«

Dr. Nowack nickte seriös.

Und etwas später: »Butter?«

Dr. Nowack machte sich eine Notiz.

»Milch?«, fragte mein Vater.

Beifälliges Nicken des Fachmannes.

»Mehr weiß ich nicht.«

Das war der DemTect-Test. Meine Mutter saß in vollkommenem Frieden daneben, sie musste sich keine Mühe mehr geben, nie mehr. Sie hatte zu diesem Zeitpunkt längst alle Tests und alle Ergebnisse hinter sich.

Dem ehrwürdigen Zen-Meister Shunryu Suzuki wagte niemand, Gehirnjogging vorzuschlagen, als seine Fähigkeit schwand, die Namen von Seminarteilnehmern zu behalten. Seine Assistenten steckten ihm Zettel zu. Er las sie, wiederholte murmelnd die Namen und vergaß sie gleich wieder. Den beunruhigten Teilnehmern erläuterte einer seiner eifrigsten Schüler: »So zeigt uns der Meister, dass Individualität eine Illusion ist.«

Wenig später zeigte Suzuki überdies, dass Kleidung eine Illusion ist, denn er zog sie verkehrt herum an und wusste auch nicht mehr, wie man an Schuhen die Bänder in Schlaufen steckt. Schließlich bewies er, dass ein Zen-Zentrum, Dojo genannt, ebenfalls jeder Substanz entbehrt, denn obwohl er sich wie eh und je auf den Weg dorthin machte, kam er nicht mehr an; es sei denn, jemand nahm ihn bei der Hand. Vor allem war er der lebende Beweis, dass selbst Erleuchtung vor gar nichts schützt, schon gar nicht vor Gedächtnisverlust. Immerhin, er blieb heiteren Sinnes; seine Heiterkeit verstärkte sich sogar. Ich glaube, ich merke schon etwas davon.

Umwege

Was soll das?«, erkundigt sich meine Frau, wenn ich mitten auf der Kreuzung zögere und sogar stehen bleibe. Ich erkläre: »Vielleicht sollten wir mal einen anderen Weg nehmen!«

»Dafür haben wir jetzt keine Zeit! Fahr geradeaus wie immer.«

Na schön. Danke! Wenn ich allein fahre, fällt die Entscheidung spielerischer. Welches mag der kürzeste Weg sein: Soll ich geradeaus fahren oder abbiegen? Und wenn ich abbiege, nach links oder rechts? Bei einem kreativen und erleuchteten Geist kann es vorkommen, dass ihm vollkommen entgleitet, wohin er aufgebrochen ist.

Stört es Sie, wenn ich mal eben auf der linken Spur stehen bleibe? Eigentlich muss mein Zaudern angenehm sein für alle, die sich eine beruhigte Stadt wünschen. Hupen Sie bitte nur, wenn Sie sich oder andere in Gefahr wähnen. Und seien Sie gewiss: Der Straßenverkehr wird noch viel mehr sediert werden, wenn meine Generation, die stärkste in diesem Land, vollends die Langsamkeit entdeckt oder vielmehr von der Langsamkeit entdeckt wird. Aber wem sage ich das!

Wohin also biege ich ab? Nach rechts ist am einfachsten. Wer immer nach rechts abbiegt, gelangt zwangsläufig irgendwann zum Ausgangspunkt zurück. Das ist ein Gesetz. Nach meiner Erfahrung gibt es dafür in der Praxis nur selten eine Entsprechung. Es gibt zu viele Einbahnstraßen und Sackgassen. Nun, die schönsten Entdeckungen liegen abseits des Weges. In Venedig, zu Fuß, machte ich viele solcher Entdeckungen, weil ich auf meinem kurzen Spaziergang zu spät auf die Idee kam, nach rechts und immer nur nach rechts abzubiegen, um zum Hotel zurückzukehren. Anfangs war ich ein paarmal nach links abgebogen. So etwas verzerrt das Ergebnis.

Sie haben sich ebenfalls in Venedig verlaufen? Das ist keine Schande. Selbst der einheimische Casanova verlor auf der Flucht die Orientierung. Canaletto, der die Gassen und Plätze gründlich erforscht hatte, ließ sich gerade deshalb stets von zwei Dienern führen. Rilke setzte sich nach einem Tag des Irrens kapitulierend an den Rand eines brackigen

Seitenkanals, wo sich in der Dämmerung ein privater Bootsmann seiner erbarmte. Thomas Mann fand weder seine Frau wieder noch die Ablegestelle zum Lido. Patricia Highsmith, der ein fotografisches Gedächtnis nachgesagt wurde, bis es weitere Belichtungen verweigerte, verließ die Stadt fluchtartig, als sie nach vier Stunden des Suchens keineswegs ihre Pension, aber zufällig den Bahnhof entdeckt hatte; sie nahm einfach den nächsten Zug.

Warum sollte ausgerechnet ich zum Hotel zurückfinden? Ich liebe Irrgärten, und Venedig bietet mehr Abwechslung als ein Maislabyrinth. Nur dass es unser letzter Tag war, an dem ich unbegleitet umherstreifte, und dass wir darüber den Abflug versäumten, mochte bedauerlich sein. Leider wollte es das Schicksal nicht, dass unser gebuchtes Flugzeug abstürzte; sonst hätte ich sagen können: Siehst du, meine innere Stimme! Nein, ich hatte mich nur gründlich verlaufen, und die scharfe Stimme meiner Frau am Handy konnte mir nicht die Richtung weisen, weil ich außerstande war, die Position anzugeben.

Wir mussten unseren Aufenthalt verlängern. Einige fremde Städte sollen bei Regen einen ganz besonderen Charme offenbaren; Venedig gehört nicht dazu. Die grauen Tage wurden zu einer Probe für die Partnerschaft, denn meine Frau ließ mich nicht mehr aus den Augen. Wir erlebten, was frisch Verliebte für erstrebenswert halten: intensive Nähe. Übrigens, der Mann, der das GPS erfunden hat, kam darauf nach einem Venedig-Besuch. Es kann fruchtbar sein, sich zu verlaufen.

Meine Frau heißt Claudia, so viel ist sicher. Ich werde das niemals vergessen. Andere Namen werden mir entschwinden, Ihrer zum Beispiel, liebe(r) N. N., am Ende vielleicht sogar *alle* anderen Namen, aber niemals der meiner Frau! Trotzdem kann es nicht schaden, dass ich ihn hier schon mal aufgeschrieben habe. Claudia also. Ich habe Claudia erst getroffen, als ich jenseits der vierzig war. Meine Mutter war damals jenseits der siebzig. Claudia hat meine Mutter nicht mehr im hellwachen Zustand kennengelernt; darauf führe ich ihre venezianische Empfindlichkeit zurück. Gleich beim ersten Treffen erzählte mein Vater eine Anekdote, an der sich seither zahllose Freunde und Familienmitglieder schadlos gehalten haben.

Verwechslungen

Schauplatz ist die Piazza San Marco. Der Blick meiner Mutter schweift in die Runde. Sie ist an diesem Tag siebzig Jahre alt und nicht zum ersten Mal mit meinem Vater in Venedig, aber zum ersten Mal mit einer Gruppe Studienreisender. An diesem ersten Tag hat man sich einen Eindruck von Dom und Palast verschafft, hat Loggien und Prokuratien abgeschritten, die Löwensäule fotografiert und schließlich den Campanile erstiegen, von dessen Aussichtsterrasse der Reiseleiter die Lagune erklärt hat. Nun schlurfen die erschöpften Studienfahrer über die Piazza zum Café Florian. »Das war's im Grunde schon!«, scherzt der Reiseleiter. »Das Wichtigste haben wir abgehakt!«

Meine Mutter wendet sich prüfend um, lässt ihren Blick über das Panorama schweifen und entdeckt etwas: »Der Campanile! Wir müssen noch auf den Campanile!«

Das Lächeln des Reiseleiters wirkt ein wenig künstlich, die Gruppe fühlt sich auf unbequeme Weise erheitert.

»Aber Heidi«, sagt mein Vater mit betont herzlichem Lachen, »wir waren doch eben auf dem Campanile! Da kommen wir gerade her!«

Ach, natürlich! Sicher! Sie erinnert sich, sie weiß es doch! Klar! Und sie stimmt in das Gelächter ein.

In solche Heiterkeit einzustimmen, ist nicht einfach. Derjenige, über den die anderen lachen, wird von einem kühlen Hauch gestreift. Ihnen ist warm, ihm kräuselt sich die Kopfhaut – jedenfalls im ersten Stadium. Ich weiß, wovon ich rede.

Meine Frau führt Buch über meine Déja-vus. Wir sitzen mit Freunden zusammen. Ich möchte auch etwas Originelles sagen. Mit fällt ein intelligenter Satz ein. Ich äußere ihn.

»Genau das habe ich doch eben gesagt!«, stutzt meine Frau und sieht mich mit übertriebener Verwunderung an. Die Freunde lachen. Ich lächele rasch: »Aber bei mir klingt es anders!«

Eine eigentümliche Verwechslung von Wörtern kommt dazu. »Letzten Freitag waren wir auf den Kapverden«, erzähle ich in einer anderen Runde. »Ganz hübsch da.«

»Letzten Februar, meinst du«, korrigiert meine Frau.

Die anderen schmunzeln. Ich habe ins falsche Fach gegriffen, und das geschieht immer häufiger. Vom Beginn unseres Zusammenlebens an hat sie die Dinge gefunden, die ich suchte, und hat mich an die Termine erinnert, die ich notiert hatte – auf Zetteln, die nicht mehr auffindbar waren. Jetzt frage ich mich, ob es in meinem Verhalten etwas Neues gibt oder ob es alte Wesenszüge sind, die deutlicher zutage treten. Dass ich sage: »Der Elbtunnel ist versteckt«, obwohl ich meine: verstopft. Oder: »Das muss ich telefonieren«, obwohl ich meine: fotografieren. Ich sage: »Der Zug rumpelt ja mächtig über die Gläser.«

Der Homöopath, zu dem sie mich schickte, nickte bei meinem Bericht derartig verständnisvoll, dass mir unheimlich wurde. Er verordnete Kalium Sulfuricum. Ich schlug zu Hause nach und fand die Symptome: »Verwechselt Worte beim Sprechen, verwendet falsche Begriffe; denkt öfter, heute wäre bereits der morgige Tag; spricht eine Bekannte mit dem Namen ihrer Schwester an; spricht die Mitarbeiterin, die er sonst mit einem falschen Namen angeredet hat, überraschend mit ihrem richtigen Namen an; erlebt die Menschen weiter weg, als ob er sich zwingen müsste, hier zu sein.«

Dass ich jemanden mit dem richtigen Namen anspreche, hat bislang noch keine Überraschung hervorgerufen. Man hält mein Namensgedächtnis für ausreichend. Allenfalls wegen 19 Uhr und N. N. mache ich mir Gedanken. Aber dass ich beim Sprechen Worte verwechsle, trifft zu. Und dass ich mich zusammennehmen muss, um hier zu sein, daran ist ebenfalls etwas Wahres. Vor allem hat mir gefallen: »erlebt die Menschen weiter weg«. Das trifft mein Empfinden. Und das ist wunderbar. Dieses halb träumerische Entferntsein ist unvergleichlich wohltuend. Die Distanz kann gern noch wachsen.

Ophelia

Jetzt hier am Schreibtisch trennen mich geschätzte fünfzig Meter vom Haus gegenüber. Am frühen Morgen, als ich ins Zimmer kam, ohne Licht zu machen, glich der Innenhof einem Aquarium, gefüllt mit blaugrauem Licht. Der Himmel war nicht mehr dunkel und noch nicht hell. Die Rufe der Amseln hallten. Gedämpft drangen die Motorengeräusche der Autos herein, die jenseits der Häuser losfuhren. Ein leichter Westwind trug von der Autobahn ein Rauschen herüber und wiegte das Elsternnest in der kahlen Krone der Birke. Auf den Dächern lag eine weiße Haut, gefrorener Nebel.

Die Sonne geht im Vorfrühling gegen sechs Uhr auf. Die meisten Leute müssen erst später zur Arbeit, wenn sie nicht überhaupt ausschlafen dürfen. Doch um fünf waren keineswegs alle Fenster dunkel, im Gegenteil. Ich hatte den Eindruck, die meisten Leute hier waren vor mir aufgestanden. In jedem Haus gibt es zehn Wohnungen, jede hat drei oder vier Fenster zum Hof; und je länger ich spähte, desto mehr funzlige Lichter entdeckte ich. Gegenüber im ersten Stock, hinter den aufs Fenster geklebten Sprossen, deckte eine Frau den Tisch für ein sehr frühes Frühstück. An demselben Tisch hatte sie am Vorabend mit zwei Kindern gesessen und gespielt, Puzzle oder etwas mit Bildkarten. Genaueres gab mein Feldstecher nicht her. Wenn es sich nicht gar um Memory handelte, ein Spiel, bei dem eine Erwachsene chancenlos ist gegen Kinder, es sei denn, sie lässt, wie meine Mutter, auch ungleiche Bildpaare gelten.

Drei Stockwerke darüber, in der niedrigen Wohnung unterm Dach, saß eines der beiden Mädchen in der Küche. Sie hatte sich eine Kerze angezündet und sah aus, als ob sie fror. Sie starrte vor sich auf den Tisch, grübelnd; oder lag dort eine Zeitung? Einmal wandte sie zögernd den Kopf in meine Richtung; so langsam, als hätte sie etwas gespürt, traute aber ihrem Empfinden nicht. Schließlich schien sie direkt herüberzusehen. Ich saß erstarrt im Dunkeln. Bald darauf verließ sie die Küche, wenig später ging Licht im Treppenhaus an. Vorbei an den Treppenhausfenstern auf halber Höhe sah ich sie als Schatten hinuntersteigen.

Und dann, kurz nach sechs, erschien die Morgenhelligkeit aus dem Osten, die ich immer nur indirekt wahrnehme, gespiegelt in den oberen Fensterreihen gegenüber. Hinter mir öffnete sich die Tür, meine Frau schaute herein und fragte: »Konntest du wieder nicht schlafen?«

Was sollte ich antworten? »Ich bin beim Gedächtnistraining.« Mit Können hat Schlaf wenig zu tun, und nächtliche Wachheit ist nicht bedauerlich. Schlaflosigkeit ist kein Leiden, sondern eine Begabung. Scherze über senile Bettflucht habe ich bereits als Student zu hören bekommen. Schon damals erwachte ich nachts nach drei oder vier Stunden. Neben mir hörte ich ruhige Atemzüge, oder ich war allein. Ich lauschte eine Weile ins Dunkel, wartete, ob eine Welle der Müdigkeit zurückkehren würde, und wenn das nicht geschah, und es geschah selten, stand ich auf.

Ich schnürte die Sneaker – damals wusste ich noch, wie das geht –, zog eine Windjacke an und schlich durch das stille Treppenhaus hinaus in die kühle Nachtluft. Bis hinunter zum Elbufer waren es zehn Minuten. Vom Anleger in Neumühlen wanderte ich am Strand entlang, mit dem Glucksen der Wellen, im dunklen Wind, der nach Salz roch, nach nassem Sand und durchfeuchteten Balken und Teer, stromabwärts, an der Schachanlage vorbei, unter den Linden nach Teufelsbrück, dann unterhalb Nienstedtens bis nach Blankenese. Das waren fast zehn Kilometer, und wenn ich am Mühlenberg den Uferhang erstiegen hatte und bis zum Bahnhof gelangt war, fuhr gerade die erste S-Bahn stadteinwärts. Noch vor Morgengrauen erreichte ich unser Viertel, und während andere aufstanden, legte ich mich schlafen.

Auf dem Uferweg war ich schon damals nicht der einzige Nachtwanderer. Die Gestalten, die einander dort begegneten, hielten in der Dunkelheit respektvollen Abstand. Manchmal jedoch konnte ich ein Gesicht unter einer Mütze oder

Kapuze erspähen; nicht immer war es jung. Eine unausgesprochene Verabredung schien die Nachtwanderer zu verbinden, als seien sie Verschworene gegen das Establishment des Tages. Niemand von diesen Sonderlingen würde den anderen verraten, bildete ich mir ein; und auf eigentümliche Weise wurde diese romantische Vorstellung eines Nachts auch bestätigt.

Gewöhnlich waren es Männer, die am Fluss entlangpilgerten. Doch in einer kühlen Mainacht trippelte eine wunderliche Elfe auf dem Uferweg, weißhaarig unter einem Sommerhut mit Plastikblumen, bekleidet mit einem hellen Webmantel und einem noch leichteren Nachthemd, das ihr bis zu den Knien reichte. Darunter waren die Beine nackt; die Füße steckten in Halbsandalen. Seltsam zielstrebig war sie auf dem von Linden gesäumten Weg unterwegs, der sich hinter Oevelgönne bis Teufelsbrück hinzieht. Ich hatte an dem gusseisernen Geländer der Ufermauer gelehnt und eine Zigarette geraucht. Die Elfe war dicht vorbeigewandert, als wäre ich weniger als ein Schatten. Ich sah ihr nach, dann tappte ich hinterher. Ich fühlte mich wie ein Botaniker der Renaissance, der die Blumen im Haar der Ophelia bestimmen will.

Als ich unmittelbar hinter ihr war, bemerkte ich ein Schild an ihrem Mantelkragen. Es sah aus wie eine Visitenkarte, die jemand unterhalb des Nackens in den Stoff gepinnt hatte. Damals waren solche Schilder noch selten; es war das erste Mal, dass ich eines sah. Wenn ich heute Nacht an die Elbe gehen würde, würde ich etlichen Wanderern mit solchen Schildern begegnen, zumal sich die Zahl der Seniorenresidenzen am Ufer bedeutend vermehrt hat.

Es ist jetzt gerade ein halbes Jahr her, dass ich dort an einem goldenen Septembertag zwei ergraute Männer beim Schachspielen sah; mit kniehohen Figuren auf dem Feld aus schwarzen und weißen Zementplatten unter dem kuppelförmigen Pavillondach. Ich wurde neugierig, weil einige Zuschauer laut debattierten. Einer der Spieler hatte seinen Springer in einer schrägen Geraden über das Feld ziehen wollen. Mit diesem unmöglichen Zug hätte er gewonnen.

»Das darf nur der Läufer!«, rief jemand. Darauf begab er sich zum schwarzen Läufer und schob ihn wie einen Turm geradeaus. Auch kein schlechter Zug, wenn er erlaubt gewesen wäre.

»So geht das nicht!«, rief sein Gegenspieler.

Der Mann blickte unsicher in die Runde. Man sah, dass er schwitzte. Er band den Schal ab. Als er sich umwandte, wurde hinten am Mantelkragen ein Schild sichtbar. Einer las vor: »Elbschloss-Residenz!«

Allgemeine Erkenntnis. Der Spieler nahm die Entlarvung gleichmütig hin.

»Und was machen wir nun?«, fragte der Zuschauer, der das Schild gelesen hatte.

»Wir spielen einfach weiter«, beschloss der andere Spieler und klatschte in die Hände. »Ich halte mich an seine Regeln. Das kann lustig werden.«

Nicht allen leuchtete diese Einstellung ein. Doch das wird sich ändern. In wenigen Jahren werden ausschließlich Leute mit Schildern dort unterwegs sein, ich unter ihnen und Sie ebenfalls. Spielen Sie Schach? Dann genehmigen wir uns eine Partie.

Schutzengel

Vor fünfundzwanzig Jahren, als ich so dicht hinter der Elfe war, dass sie vermutlich nicht nur meinen Schritt, sondern auch meinen Atem hörte, musste ich erst begreifen, dass es sich an ihrem Mantelkragen um ein Namensschild handelte. Nun las ich die Angabe einer Telefonnummer und die Bitte um Benachrichtigung.

Die Zeit der Mobiltelefone war noch nicht angebrochen, die nächste Telefonzelle befand sich ein paar Kilometer entfernt am Anleger in Teufelsbrück. Ich holte meine Taschenlampe aus dem Mantel, entzifferte im trüben Schein den Namen und sagte: »Frau Peper?«, als würde ich sie kennen. »Kann ich Ihnen helfen?«

Jetzt hielt sie an. Um höflich zu sein, beleuchtete ich mit der Lampe nur mein eigenes Gesicht: »Verzeihen Sie, kann ich Ihnen helfen?« Wenn ich sie irgendwo hinbringen müsste, wäre das eine Art Abenteuer, dachte ich und hoffte zugleich, sie würde nicht darauf eingehen. Das tat sie auch nicht. Ich schätzte sie auf Mitte siebzig. In ihren Zügen lag noch etwas Entschiedenes und Kraftvolles, aber aus ihrem Blick las ich die trunkenen Träume von Shakespeares fantastischer Jungfrau.

»Wo möchten Sie hin?«, beharrte ich. »Ich kann Sie begleiten.«

Jetzt schien sie zu lächeln.

Ein Nachtwanderer, der aus der Gegenrichtung kam, wollte

zunächst vorübergehen und zögerte dann, ein Mann um die fünfzig mit Bogart-haft hochgeschlagenem Kragen.

»Die Dame hier hat sich möglicherweise verirrt«, erklärte ich.

Er kam heran. »Wohin möchten Sie denn?«

Sie lächelte.

»Finden Sie allein nach Haus?«, brachte er in einem Ton hervor, der Bestätigung nahelegte.

Sie nickte tatsächlich, allerdings auf eine Weise, die das Gegenteil ahnen ließ – es sei denn, sie fühlte sich überall zu Hause.

»Sie trägt ein Schild auf dem Rücken«, erläuterte ich. »Demnach heißt sie Peper.«

Sie reagierte nicht auf den Namen; vermutlich sprach ich ihn nicht korrekt aus.

Er studierte das Schild. »Sie ist weggelaufen«, stellte er mit Genugtuung fest und schüttelte ihr die Hand: »Herzlichen Glückwunsch!«

Sie strahlte.

Damals kam mir sein Verhalten angeberisch vor. Heute, da ich sein Alter erreicht habe, nehme ich an, dass er sich ihr näher fühlte als ich und dass er sich bereits in ihre Rolle einfühlen konnte; vermutlich spielt er sie heute. Es kam noch ein Dritter hinzu: ein Jogger. Auf jenem ebenen Teil des Elbuferweges war der Boden federnd weich; es gab keine Feldsteine oder Baumwurzeln. Nachtarbeiter, die nach der Schicht die Gelenke lockern wollten, konnten den Weg in vollkommener Dunkelheit gefahrlos entlangtraben. Heute üben dort sogenannte rüstige Senioren für den Halbmarathon im April, bei dem eine von Jahr zu Jahr wachsende Zahl der Rüstigen sich weit jenseits der Strecke verirrt, irgendwohin laufend, wo gerade die Sonne scheint, und viel später nur dank des Chips im Schuh wiederauffindbar.

Damals gab es noch keine Chips. Wer sich verlief, verschwand fürs Erste. Der Jogger verlangsamte den Schritt angesichts unserer kleinen Versammlung.

»Nichts Dramatisches«, informierte ich ihn und nahm ihn in den Kreis der Eingeweihten auf. »Diese Lady hier weiß nicht genau, wohin sie gehört.«

Er war etwas älter als ich und hätte auch ein Pfleger sein können, so schnell erkannte er die Situation. »Kommen Sie aus dem Augustinum?«, erkundigte er sich. Das Augustinum lag direkt am Ufer in Neumühlen. »Oder aus dem Rosenhof?« Der befand sich weiter entfernt in Nienstedten.

Die Elfe, der die Beratungen zu langwierig oder zu bedrängend wurden, setzte sich ohne Antwort in Bewegung. Als hätte jemand den Schlüssel in ihrem Rücken gedreht und das Uhrwerk neu aufgezogen, vollendete sie den Schritt, in dem ich sie angehalten hatte, und setzte ihre Wanderschaft im vorherigen Tempo fort, die ungebetene Störung hinter sich lassend und ohne sich umzudrehen. Offensichtlich hatte sie uns nach wenigen Metern vergessen, wenn wir überhaupt in ihr Gedächtnis gelassen worden waren.

Leicht verwirrt blieben wir zurück. Der Jogger löste sich als Erster. »Die hat's hinter sich«, scherzte er und lief los, ihr nach, Richtung Rosenhof. Er überholte sie nach wenigen Schritten, winkte ihr aufmunternd zu und verschwand im Dunkeln.

Der Ältere schlug vor: »Wir lassen sie, irgendwo wird sie schon ankommen«, und begab sich weiter Richtung Neumühlen und Augustinum.

Und ich ging ihr nach. Sie wanderte rasch mit jener unerklärlichen Entschlossenheit und Kraft, die ich viele Jahre später wieder bei meiner Mutter bestaunen konnte, wenn sie als Achtzigjährige spätabends in der Lüneburger Heide aufbrach, um ihre Eltern in Stettin zu besuchen. Wohin es damals Frau Peper zog, wollte ich herausfinden. Ich überholte sie kurz vor Teufelsbrück, unbemerkt, keines Blickes gewürdigt, und wartete am Geländer der Anlegerbrücke, wo ich gewöhnlich meine zweite Zigarette rauchte.

Wie eine Balletttänzerin aus dem Hintergrund einer Bühne tauchte Frau Peper aus der Schwärze der Lindenallee auf und bog beschwingt in den Weg ein, der am kleinen Segelhafen vorbei zum Fähranleger führt. Angesichts der Helligkeit, die von den Bogenlampen der Elbchaussee herüberstrahlte, wurde sie unsicher. Es hätte gepasst, wenn sie im Licht dieser Scheinwerfer zu tanzen begonnen hätte.

Stattdessen sah es einen Augenblick lang so aus, als wolle sie den beleuchteten Uferweg verlassen und über die Chaussee ins Dunkel des Jenischparks verschwinden. Auch das wäre nicht unangemessen gewesen. Vom Erbauer des Parks, Caspar Voght, weiß man, dass er bei der Anpflanzung selbst mit Hand anlegte, und mit der Zeit auf immer auffälligere Weise. Der Senator Jenisch hatte ihm Gut und Park längst abgekauft, da begab sich der greise Baron Voght immer noch hinaus und grub Löcher, in die er anfangs Sträucher, dann nur noch Kuriosa pflanzte: Steine vom Elbstrand, Tabakspfeifen aus Meerschaum, elfenbeinerne Schnitzarbeiten aus dem Herrenhaus, Ringe mit Halbedelsteinen, eine schöne Taschenuhr des Martin Jenisch. »All das muss wachsen«, erklärte er. Tat es aber nicht. Bei Erdarbeiten vor wenigen Jahren wurden einige seiner eigentümlichen Samenkörner gefunden; aufgegangen war keines.

Doch die Elfe wandte sich nicht zu den in Nacht getauchten Anpflanzungen des Barons. Sie setzte ihre Wanderung am Fluss fort. Auf dem Parkplatz vor dem Anleger Teufelsbrück gab es eine Haltestelle, an der alle Stunde ein Nachtbus hielt. Daneben befand sich ein Taxistand.

Zu dieser Stunde wartete dort ein einziger Wagen. Der Fahrer las Zeitung. Als die federleichte Elfe vorbeiwanderte, wurde er aufmerksam. Er kurbelte das Fenster herunter. »Hallo!«, rief er. Dann stieg er aus: »Taxi?« Tatsächlich hielt sie inne und sah hinüber. Taub war sie nicht. Doch als sie einen Storchenschritt auf ihn zu machte, entschied er sich anders. Es war erkennbar, dass es in diesem Fall mühsam werden würde, den Lohn einzutreiben, und für eine gute Tat gab es zu wenige Zeugen. Er hätte Mühe gehabt, seinen Fahrgast am Zielort loszuwerden; bei Nacht kommt man leichter aus einem Altersheim heraus als hinein. So rutschte er wieder hinters Steuer, schloss die Tür und verschwand tiefer in seinem Sitz.

Für Frau Peper muss es gewesen sein, als sei eine Störung über den Bildschirm geflackert und gleich wieder verschwunden. Frohgemut setzte sie ihren Weg fort, vorbei an der Anlegerbrücke, von der eine Wolke Zigarettenrauch zu ihr trieb. Ich wusste damals noch nicht, dass mit dem schwindenden Gedächtnis auch die Fähigkeit nachlässt, Aromen zu unterscheiden und überhaupt wahrzunehmen. Ich sah nur, dass sie unbeirrt weiterschritt, nun auf dem breiten Sandweg Richtung Nienstedten, auf dem sich an den Wochenenden Spaziergänger drängen. Sie ging dort allein.

Ich folgte ihr nicht mehr. Für eine Mainacht war sie gerade warm genug angezogen; wenn sie sich zum Ausruhen auf eine betaute Bank setzen wollte, wäre das schon fraglich. Doch sie kam mir gut aufgehoben vor. Augenscheinlich wurde sie, wie alle erinnerungsfreien Wanderer, von einem Schutzengel begleitet, von einem humorvollen zweifellos; vielleicht war sie selber einer.

Ich wandte mich vom Uferweg ab, um durch den Jenischpark nach Hause zu wandern. Zuletzt sah ich sie um jene Biegung verschwinden, an der ein damals neu errichtetes Schild das Elbufer zum Abschnitt eines Fernwanderweges ausrief, der von Sizilien nach Kopenhagen reicht. Ihre Richtung – das freute mich für ihre nächste Verwandte, die Meerjungfrau – war Kopenhagen.

Nachtwachen

Bekanntlich hat der ehrenwerte Rabbi Nachman von Breslov seinen Schülern Wanderungen am Flussufer empfohlen, um sich von drückenden Gedanken zu befreien. Beim Blick auf das fließende Wasser werde alles Belastende fortgeschwemmt. Und da nur Erinnerungen belastend sein können – auch Zukunftsfurcht besteht lediglich aus übertragenen Erinnerungen –, verrauschen am Fluss Gedächtnis und Trübsinn.

Anwohner von Flüssen seien glücklicher, erzählte Mark Twain. Dass sie auch ein schlechteres Gedächtnis haben, wofür er selbst ein exzellentes Beispiel war, fanden erst hundert Jahre nach ihm Neurobiologen der Irvine University heraus. Das wüstenhafte Irvine südlich von Los Angeles hat keinen Fluss. Dort muss man sich an alles erinnern. Es sei denn, man verlegt sein Leben in die Nacht. Denn auch Nachtarbeitern kommt das Gedächtnis früher abhanden, bewiesen die Forscher. Oder es ist umgekehrt: Wem das Gedächtnis abhanden kommt, der ist auch in wachen Nächten glücklich.

Und die Zahl dieser Glücklichen wächst. An den nächtlich erleuchteten Fenstern in dieser an Flüssen gelegenen Stadt ist es abzulesen. Nicht hinter jedem schnürt gerade jemand die Schuhe. Nicht hinter jedem wird ein Mantel übergeworfen. Und nicht in jeder Wohnung findet der aufbruchbereite Wanderer die richtige Tür, die zum Treppenhaus führt. Manchmal beginnt nur der Geist zu wandern.

Hier kramt jemand in einer Sammlung alter Briefe und fragt sich, warum stets seine Anschrift daraufsteht – »Wie kommt denn mein Name auf diese Umschläge?« – und an wen sie in Wahrheit gerichtet sind, denn nicht ein einziger Absender ist ihm bekannt. Dort ordnet jemand seine Bibliothek, und zwar so, dass das Ordnungsprinzip für andere unentzifferbar wird; auch das Geld, das zwischen den Seiten auserwählter Bände steckt, wird niemand mehr finden, schon gar nicht der, der es verborgen hat; höchstens später einmal ein glücklicher Antiquar.

In einer Wohnung wird das Badewasser eingelassen, nachts gegen halb drei; die darunter Wohnenden erwachen müde und beleuchten den alten Wasserfleck an der Decke; noch erglänzt er nicht von Neuem. Ein Haus weiter erklingt zu dieser Stunde Beethoven, übrigens selbst einer der großen Nachtwächter. In einer weiteren Wohnung erkennt die betagte Witwe gegen drei Uhr morgens, dass es an der Zeit ist, die Möbel zu verrücken, und zwar zu einem anderen Arrangement als in der Nacht zuvor, das sich bereits unterschied vom Arrangement der vorvorigen Nacht; und ebenso wird in der kommenden Nacht, trotz emsigen Rückens, die Lösung nicht ganz perfekt sein.

Eine Lösung wird auch nicht angestrebt. Nach vielen Jahrzehnten angeblich sinnvollen Handelns, das sich am Ende als fruchtlos erwiesen hat, öffnet sich für die Spleenager das unermessliche Reich der Sinnfreiheit. Mit dem Satz des Joggers, »Die hat's hinter sich«, konnte ich damals nichts anfangen. Jetzt nehme ich an, er meinte: das Diktat des Rationalen.

Das hatte die schlafwandelnde Elfe abgeschüttelt. Wem der Segen wachsender Vergesslichkeit beschieden ist, dem winkt die Freiheit. Das magische Reich musste irgendwann am Ende der frühen Kindheit verlassen werden. Nun steht es wieder weit offen. Und falls es Versuche gibt, den Eintretenden aufzuhalten – es gibt sie bereits in meinem Fall –, dann werden sie scheitern.

Hinderte jemand Karol Wojtila daran, in seinen späten Nächten durch die Flure des vatikanischen Palastes zu geistern? Nein. Niemand wollte päpstlicher sein als er, mochte er auch gottesferne Worte im Gossen-Polnisch seiner Kindheit verkünden; man ließ ihn. Niemand hinderte Leonardo, den Besuchern auf dem Schloss in Amboise den Schlaf zu rauben, wo er als Gast des Königs von Frankreich die letzten Jahre verbrachte. Er malte kaum noch, aber nachts fand er Gefallen daran, seine unbenutzte Staffelei rumpelnd hinter sich her zu schleppen wie ein Kind seinen abgewetzten Teddybär.

Der preußische Friedrich schuf im Flackerlicht einzig für ihn entzündeter Lüster weit nach Mitternacht neue Schlachtordnungen. Einen nachvollziehbaren Sinn ergaben sie nie. Doch Nacht für Nacht inspizierte er die nachgebauten Heeresaufstellungen seiner siegreichen Feldzüge, und niemals schienen sie ganz gelungen. Als hätte er die entscheidende Attacke anders in Erinnerung, griff er Kohorten bemalter Zinnsoldaten heraus und platzierte sie an anderer Stelle in dem gesiebten Sand. Er betrachtete seinen Einfall mit Genugtuung, jedenfalls für eine Weile; die Ordonnanzen atmeten bereits auf. Dann befremdete ihn die neue Aufstellung, er nahm weitere Umgruppierungen vor.

Zuerst versuchte ein fachkundiger Adjutant, dem König seine historische Strategie in Erinnerung zu rufen, und anfangs schienen solche Korrekturen zu fruchten, bald jedoch seltener; und schließlich ließ man ihn gewähren mit den rätselhaften Formationen, die weder nach Größe noch nach Farbe oder Waffengattung zueinander passten, meist nicht einmal nach Heereszugehörigkeit. Irgendwann in der Morgendämmerung war er müde und glücklich. Sobald er sich zur Ruhe begeben hatte, beeilten sich die Diener, die ursprüngliche Ordnung wiederaufzubauen, wie eine Mutter das Spielzimmer ihres Kindes aufräumt. Doch auch im Falle des Königs hielt die Ordnung, die alte preußische Ordnung, nur, solange er schlief.

Wer berühmt genug ist, muss nicht fürchten, zur Vernunft gebracht zu werden. Astrid Lindgren durfte mit ungekämmten Haaren die Sandwege von Furusund durchstreifen und an fremde Türen pochen. Dass sie kindisch geworden war, schien den Nachbarn charmant und passend; sie nahmen sie sanft bei der Hand. Rousseaus späte nächtliche Streifzüge erklärte man mit seiner Liebe zur Natur, wenngleich es ihn in städtische Spelunken zog. Flaubert wanderte nach Schilderung seiner Nachbarn stundenlang in seinem Haus in Croisset am Ufer der Seine auf und ab; man hielt sein Gehen für schöpferische Meditation, wenn auch nichts Erkennbares mehr zutage kam. Hölderlin spazierte im Kreis; die Form des Turmes, in dem sein Gönner ihn untergebracht hatte, legte das nahe; die Tür war von außen verschlossen. »Die Schwärmerische, die Nacht kommt«, hatte er als junger Mann gedichtet; nun war sie da, und er schwärmte. »Sein Geist wird schwärmerisch«, heißt es ebenbürtig vom König Lear, als er sich hinaus in die Nacht begibt, in Begleitung seines Spiegelbildes, des Narren.

Keiner über dreißig

Es sind die anderen, die darüber der Schrecken erfasst, nicht die Narren und Schwärmer selbst. Wann eigentlich tritt die Gelassenheit ein? Im letzten Stadium des Vergessens oder, wie ich hoffe, bereits im zweiten? Sicher noch nicht im ersten, in dem ich mich gerade befinde, und Sie, wenn ich Sie richtig einschätze, ebenfalls. Wollen wir heute Abend darüber sprechen?

Wir geben uns noch Mühe, Sie und ich, stimmt's? Das ist kennzeichnend für die Einstiegsphase. Man muss uns keineswegs versichern, dass wir noch bewundernswert klar im Kopf sind. Im Gegenteil, das wäre peinlich. Zumal Sie ja noch viel zu jung sind für solch ein Lob. Sie haben eher das Gefühl, dass Sie sich steigern, wohl nicht an Leibeskräften, aber an geistigem Durchblick. Haben Sie nicht seit Längerem den Eindruck, dass Sie immer klarer sehen?

Mir geht es genauso. Überflüssige Schlacken sind abgefallen, vieles brauchen wir nicht mehr. Motorradreisen, Schickeriatreffs, Autoscooter, Egoshooter: So etwas haben wir, wie wir lächelnd betonen, nicht mehr nötig. Tanz bis zum Morgengrauen, Wildwassertouren, alpine Viertausender, durchfahrene Nächte, Liebesrekorde – abgehakt. Wir müssen uns nicht mehr mit anderen messen oder vermeiden es lieber. Wir haben kaum noch etwas dagegen, als normal zu eingestuft zu werden. Aber immer noch lieber gelten wir als ein wenig außergewöhnlich, im bewunderten Sinn.

Wir können es verkraften, dass andere stutzen. Wie bitte, was meint er denn jetzt? Soll das zum Thema gehören? Was wollte er in Wirklichkeit sagen? Wir können es verkraften, weil wir es noch abbiegen können, jetzt, in diesem Stadium, das ein Stadium des Aufbruchs ist. Wenn ich etwas tue, das anderen eigenartig erscheint, dann gebe ich vor, es geschehe in voller Absicht. Ich tue so, als hätte ich mein Leben im Griff und mich selbst unter Kontrolle. Natürlich war das nie in jeder Hinsicht der Fall, doch das Gefühl der Kontrolle hat sich irgendwann eingenistet, begleitet von der Furcht, die Kontrolle zu verlieren. Wann eigentlich? Mit drei Jahren? Am Ende der Windelphase, beflügelt vom Lob für das trockene Laken am Morgen?

Das Gefühl der Selbstkontrolle und ihrer Notwendigkeit vergeht nicht so rasch. Ich halte das Selbstbild noch aufrecht, an dem ich seit Kindertagen gebastelt habe, unterfüttert von Tadel und Lob, in der Schule gefördert durch Abgrenzung und Vergleich, in der Pubertät erschüttert und festgezurrt. Mit dreißig ungefähr muss dieses Selbstbild fertig gewesen sein, dann kamen nur noch ein paar Tupfer hinzu, aufhellende für das freundliche Durchkommen, dunklere für das gebotene Charisma.

Das bin ich seither, mehr war nicht drin, aber so viel immerhin, und so bleibe ich einstweilen. Das ist die Person, die ich verteidige. Sie werden es erleben, falls wir uns treffen. Sie sind es doch, die sich angemeldet haben für heute, 19 Uhr? Zum Signieren? Dann ist es klug, dass Sie jetzt kommen, da ich noch in der Lage bin, mit meinem eigenen Namen zu unterschreiben – und nicht mit jenem mysteriösen Gekritzel, mit dem Beckett, Somerset Maugham oder Saul Bellow zuletzt ihre Besucher abfertigten. Simone de Beauvoir verfiel in Kinderschrift. Käthe Kollwitz wollte nur noch Punkt-Punkt-Komma-Strich malen. Der souveränen Marlene Dietrich erklärte man, wie sie den Stift halten sollte und wozu er da sei; sie nickte folgsam und legte ihn unbenutzt wieder beiseite. Zu meiner Mutter sagte mein Neurologen-Freund Nowack: »Wissen Sie, was ich hier habe?« Sie betrachtete den schimmernden Kugelschreiber und nickte. »Also, was ist das?«, erkundigte er sich und drehte den Kugelschreiber in seiner Hand. Das Licht reflektierte von der silbernen Hülle. Meiner Mutter genügte das. Sie lächelte. Das war alles.

Signierstunde

Nähern Sie sich bitte ohne Scheu. Ich werde schwungvoll signieren. Nichts wird Ihnen unheimlich vorkommen. Es gibt nichts, was Sie mir anmerken könnten. Höchstens, dass ich zu sehr auf den Schwung achte. Es ist etwas Absichtsvolles darin, seit einiger Zeit. Nach Lesungen ist es zuletzt vorgekommen, dass jemand sagte: »Schreiben Sie bitte ›Für Stefanie‹!« Aus Gefälligkeit und Gewohnheit fragte ich: »Soll ich das heutige Datum daruntersetzen, oder möchten Sie es an einem anderen Datum überreichen, zum Beispiel am Geburtstag? Und soll ich den Ort dazuschreiben?«

Mittlerweile habe ich mir abgewöhnt, solche Fragen zu stellen, denn sie werden beantwortet, und nicht immer eindeutig. Ich versuche, den Ausführungen zu folgen, das ist schon ein Fehler. Nach der Antwort und womöglich einem Kommentar zur Lesung und nachdem ich Ort und Datum hingeschrieben habe, oder bereits während ich schreibe, beginne ich fieberhaft zu überlegen und grübele und denke nach. Und es kommt vor – bei Ihnen natürlich nicht!, aber bei anderen –, dass ich am Ende fragen muss: »Verzeihen Sie, Sie haben es schon erwähnt, aber für wen soll das Buch sein?«

»Für Stefanie!«

Anfangs habe ich in solchen Fällen kleine Tricks angewandt. Nur führten sie nicht immer zum Erfolg. Ich sagte: »So, Ort und Datum haben wir. Jetzt schreibe ich den Namen. ›Für …‹ – ach, können Sie den Namen bitte buchstabieren, damit ich nichts falsch mache?«

Dann geschah es zuweilen, dass jemand antwortete: »Ganz normal, ohne h!«

Damit war mir wenig geholfen. Welcher Name wird denn normalerweise ohne h geschrieben? Diether? Walther? Kathrin? Ich rettete mich in einen humorigen Satz: »Normal ist heutzutage gar nichts mehr! Also buchstabieren Sie bitte von Anfang an!«

Nun war bereits ein leichter Unmut zu spüren: »S – t – e – f!«

Aha. Also ohne ph. Und weiter? Steffi? Stefan?

»Stefanie!«

Manchmal habe ich um Verzeihung gebeten, schließlich hatte ich eine aristokratische Entschuldigung: »Sie werden es nicht glauben, aber ich bin Mitglied im Club der Zerstreuten.«

»Doch, das glaube ich sofort.«

Eine wohlwollende Personaltrainerin nahm mich einmal beiseite, als niemand mehr zum Signieren anstand, und riet mir unter vier Augen, ich möge mir einen Namen gleich beim ersten Hören als Bild vorstellen, über eine Eselsbrücke – »Müller und Mühle, verstehen Sie?« – oder, wenn mir keine einfiele, als Schriftzug. »Das Gedächtnis ist visuell. Mein Name zum Beispiel ist Michel. Stellen Sie sich also vor, ich trage ein Stirnband, und darauf steht Michel.« Der Tipp ist nicht schlecht, nur im entscheidenden Moment erinnere ich mich nicht daran.

Auch dies kommt vor: Eine Leserin steht vor mir; ich weiß, ich kenne dieses Gesicht. »So«, sagt sie und hält mir ein Buch hin. »Dieses habe ich jetzt auch noch gekauft!«

Aha. Und? Ach so, nun entsinne ich mich: Sie war vorhin die Erste in der Schlange. Sie hat sich bereits ganz am Anfang Bücher signieren lassen. Und nun also noch eines. Gut. Was soll ich hinschreiben? Ein freundlicher Blick in ihr Gesicht, ein imaginäres Stirnband trägt sie nicht, eine Eselsbrücke zu erbauen habe ich versäumt. Ich versuche schlau: »Was soll ich diesmal hineinschreiben?«

Wenn sie unbarmherzig ist, fordert sie: »Dasselbe.«

»Dasselbe?«

»Ja, meinen Namen!«

Bittere Minuten für einen, der etwas vertuschen möchte. »Nur beim Signieren hatte er Schwierigkeiten«, schrieb die Herner Lokalzeitung. Fortan habe ich auf Widmungen verzichtet, auch auf Ort und Datum, die mir ohnehin selten eingefallen sind. Ich signiere nur noch mit meinem Namen. Mal sehen, wie lange noch. Irgendwann nicht mehr. Dann zeichne ich einen Kreis oder einen Strich auf die Seite, wie der greise Mark Twain. Der Name ist nichts Eigenes. Als Kind ist er einem auferlegt und dann eingebimst worden, bis man an ihn zu glauben begann. Ich glaube immer noch: Ich bin Dietmar. Bald jedoch werde ich wieder derjenige werden, der ich war, bevor ich den Namen erlernte. Mal sehen, wer oder was das ist!

Fenster putzen

Ein Blick aus dem Fenster. Vor ein paar Wochen bin ich um den Block gewandert und habe mir die Klingelschilder angesehen; notiert habe ich nichts; ich will ja nicht schummeln. Jansen habe ich mir gemerkt, im Parterre, und den sonderbaren Namen Pia Faller oben unterm Dach, wo das Fenster geöffnet ist. Becker auch, das Ehepaar im Stockwerk darunter. Daneben, auf Konopkas Balkon, treibt der Vorfrühlingswind zwei gelbe Spielzeugpropeller an, sie trillern unermüdlich. Die orange Markise ist eingerollt, die Schabracke flattert; ein übermütiges Winken unterm blassblauen Himmel. Ich winke zurück.

Das eine Mädchen in der Dachwohnung heißt also Pia Faller. Ist das andere weggezogen? Wie konnte mir das entgehen? In einem überlangen safranfarbenen T-Shirt hat Pia sich ans Fenster der Küche gesetzt und löffelt etwas, Müsli vermutlich. Hat sie heute frei oder die Schicht hinter sich? Ich sehe sie jetzt immer nur, wenn sie sich vorbeugt, zur Schüssel. Dann wird sie kurz von der Sonne belichtet, die noch bleich ist an diesem Märztag. Die Fenster sind gekippt. Ein tellergroßes Transparent baumelt im Küchenfenster an einem Faden, munter bewegt vom Wind; ein Peace-Zeichen. Vor dem Badezimmer bauscht sich ein weißer Vorhang. Frieden.

Im Stockwerk darunter das Ehepaar Becker. Der Mann tritt auf den Balkon und bürstet seine Schuhe. Das geschieht täglich. Es ist ein Ritual, so gut eingeübt, dass es sein Gedächtnis überdauern wird. Die Frau stellt sich neben ihn und inspiziert den Blumenkasten; sie pickt etwas aus den Primeln, ein Gewölle von Pappelsamen, das übers Dach geweht ist. Etwas später erscheint sie am Wohnzimmerfenster zwischen den Nylongardinen. Durch einen Spalt betrachtet sie die Topfblumen auf der Fensterbank, Efeu und gelbe Hornveilchen. Alles gut. Sie zieht die Gardinen wieder zu. Das Leben geht weiter im Inneren der Wohnung, sehr leise, nehme ich an.

Jetzt öffnet Pia das Küchenfenster weit und raucht. Sie lehnt sich zurück. Da sehe ich sie wieder nicht, nur ihren schmalen Arm und die Hand, wenn sie Asche abstreift. Der Aschenbecher steht auf dem Fensterbrett. Das Peace-Zeichen dreht sich.

Schräg unter ihr, in der Wohnung, der ich den Namen Konopka zuordne, putzt jemand die Fenster. Eine alte Dame, ganz langsam, gemächlich, mit viel Zeit oder ganz ohne Zeit. Das ist also die Nachbarin von Beckers, Frau Konopka. Wenn ich nicht irre, hat erst gestern ihr Putzmann dieselben Scheiben gründlich gewienert. Was sie da tut, kann also nur Meditation sein. Schaukeln, schieben, Fenster putzen. Die Wischbewegung ist ihr Mantra. Und abermals Frieden. Gibt es noch etwas zu tun?

Spezies

»Wenn man alt ist, muss man mehr tun, als da man jung war.« Dieses lorbeerumrankte Zitat nistete sich früh bei mir ein, weil ich es nicht begriff. Es schien offensichtlich, dass die Jungen erheblich mehr tun mussten. Auf sie wurde die Arbeit abgewälzt, sie wurden ermahnt, zensiert, gerügt und ausgenutzt; die Alten reisten nach Formentera und ruhten sich aus, auf ihrem Selbstbewusstsein, ihrem Übergewicht und ihrer Pension.

Dieser Eindruck verflüchtigt sich mit der Zeit. Wer älter wird, muss mehr tun, tatsächlich: muss mehr tun, um die Füße aus dem Bett zu setzen und die ersten Morgenschritte zu gehen, muss mehr tun, um den Bus zu erreichen, an der richtigen Station auszusteigen, sich dem Arzt verständlich zu machen, eine Stadt zu besichtigen, das späte Mahl zu verdauen, den Wein zu verkraften, einen guten Eindruck zu machen. Wer älter wird, muss mehr aufwenden für einen annähernden Level an Wachheit, Schlankheit, Haarvolumen, Muskelmasse, Aufmerksamkeit. Und wer empfindet, dass er mehr tun muss, gehört bereits dazu, zu jener bislang fremden und scheinbar überflüssigen Spezies.

Von einem überraschenden Moment an gelang es mir nicht mehr, alte Leute für etwas grundsätzlich anderes zu halten. Bis dahin – bis zu meinem fünfzigsten Geburtstag oder bis zum Neurologen-Besuch mit meinen Eltern? – wähnte ich mich fern der Gefahr, jemals von dieser fremden Spezies infiziert zu werden, die in derselben Welt ein abgesondertes Leben führte. Bis dahin konnte ich mir nicht ausmalen, dass eine freundliche Kaffeetante vorzeiten ein hochmütiges Mädchen gewesen sein sollte und ein gemütlicher Pensionär ein abenteuerdurstiger Junge. Oder umgekehrt: dass aus diesem angriffslustigen Skateboard-Fahrer ein gemächlich schlurfender Rentner werden sollte, aus jener verwirrenden jungen Erscheinung eine vorsichtige Alte, aus Pia Faller eine Frau Konopka. Ich konnte die jungen Züge nicht ins Alter projizieren, das alte Gesicht nicht zurückrechnen. Es gab keine Brücke.

Inzwischen sehe ich sie. Das Verbindungsstück liegt im Alter zwischen Mitte dreißig und Mitte vierzig. Davor gibt es keine Anhaltspunkte für Alterung; danach sind sie auf einmal unübersehbar. Es ist eine dehnbare Verbindung, denn die Dreißiger enden nie. Das fünfunddreißigste oder achtunddreißigste Jahr wird erreicht, aber nie mehr verlassen. Es bleibt. Die innere Person verharrt in diesem Jahresring. Kein Kind mehr: abgehakt. Kein Pubertierender mehr: dankbar zur Kenntnis genommen. Nicht mehr einundzwanzig: Auch das wird verkraftet. Nicht mehr achtundzwanzig: schon schwieriger – aber, ja, das haben andere auch hinter sich gebracht. Doch Mitte dreißig oder höchstens Ende dreißig, das ist nicht vergangen, und das vergeht nicht, das bin ich noch, das sind Sie, so empfinden wir uns, dabei ist es geblieben. Ein inneres Altern findet danach nicht mehr statt, die propagierte Weiterentwicklung oder gar Reifung gibt es ohnehin nicht.

Theodor Fontanes Familie führte es auf eine mysteriöse Gehirnanämie zurück, dass der weißhaarige Greis lediglich die Jahre bis zu seinem dreißigsten Geburtstag in seine Selbstbeschreibung aufnehmen wollte. Die Ereignisse danach fand er bedeutungslos oder nebelverhüllt. Seine beruflichen Höhepunkte und diejenigen als Familienvater, fast alle jenseits der dreißig, waren erloschen und versunken oder hatten sich schon von Beginn an nicht eingeprägt. Selbst anschauliche Hinweise interessierter Familienmitglieder erweckten sie nicht mehr zum Leben.

Bei Greta Garbo führte man die verfehlte Selbsteinschätzung auf Eitelkeit zurück. Doch es steckt etwas anderes dahinter. Bismarck leugnete in den letzten Jahren, jemals die vierzig überschritten zu haben; er erkannte sich nur noch auf Fotos vor jener Zeit. Der betagten Agatha Christie wurde ihr eigenes Spiegelbild fremd; immerhin fand sie die dort erscheinende Alte sympathisch und versuchte, Freundschaft zu schließen. Orson Welles hielt sich am Ende für sechsundzwanzig, das war das Jahr des *Citizen Kane* – als sei damit seine Bestimmung erfüllt gewesen. Es gibt keinen Religionsgründer, der jenseits der vierzig noch etwas Neues gesagt hätte. Alle Erleuchtung, Revolte, Verkündigung findet vorher statt. Das Selbstbild ist um diese Zeit gefestigt, der genetische Auftrag erfüllt, ein weiterer wartet nicht.

Deshalb reichen die dreißig oder etwas mehr Jahre für die Chronik. Danach läuft die innere Uhr nur noch holprig mit oder wird nicht mehr richtig aufgezogen. Das sonderbare Phänomen des Alterns muss von Ende Dreißig an mental nachvollzogen werden. Kein inneres Wissen gibt dafür ein Indiz. Ab fünfzig müssen wir minuziös nachrechnen, und irgendwann versiegt die Bereitschaft dazu. Deshalb das wohlige Erschrecken beim Besuch eines Gleichaltrigen: Er sieht ja viel älter aus! Im Stillen denkt er umgekehrt dasselbe. Die innere Person hat keinen weiteren Jahresring angesetzt.

Anfangs verblüffte es mich, dass meine achtzigjährige Mutter sich entrüstete, wenn man sie für älter als siebzig hielt. Auch sechzig wies sie zurück.

»Wie alt bist du denn? Fünfzig?«

Sie war ernsthaft beleidigt.

»Vierzig?«

Sie schüttelte den Kopf, nun allerdings unsicher.

»Achtunddreißig?«

Jetzt winkte sie ab: »Na ja.« Sie wollte nicht weiter ausgeforscht werden. Immerhin, bei einem Alter, das in den Dreißigern lag, widersprach sie nicht länger.

Der Mann, der sich um sie kümmerte, mein Vater, laut Ausweis ebenso alt wie sie, konnte mithin nicht ihr Mann sein. Und wirklich: Weil sie sich selbst für eine Mittdreißigerin hielt, ließ sie auch von ihm nur Bilder aus jenem Alter gelten. Deshalb informierte sie ihn zuweilen, wenn es Abend wurde: »Ich muss jetzt nach Hause, zu meinem Mann.«

Er schwor: »Ich bin doch dein Mann!«

Sie lachte ihn aus. Auf plumpe Täuschungsversuche fiel sie nicht herein: »Der ist weiß Gott jünger!«

Nach anfänglichen Überzeugungsversuchen gewöhnte sich mein Vater an ihre Einschätzung; in gewisser Hinsicht entsprach sie ja seinem inneren Erleben, nur war ihm als Berufsmathematiker das Rechnen um diese Zeit noch geläufig. Ein paar Jahre später kam auch ihm die Spanne der sogenannten zweiten Lebenshälfte abhanden. Er war wieder jung geworden.

»Die hat es hinter sich!« Jene flapsige Diagnose des Joggers am Elbufer trifft auch auf das Altern zu. Die Elfe alterte nicht mehr. Im Gegenteil. Kindisch zu werden oder wunderlich, närrisch, sonderlich, tüdelig, ist eine Form des Jungbleibens. In uns, die wir vielleicht noch um Kontrolle bemüht sind, steckt die Furcht, den Verwirrten ähnlich zu werden. Doch wer endlich so geworden ist, dessen Furcht hat sich aufgelöst. Das Selbstbild, das einst so kostbar schien, muss nicht mehr verteidigt werden. Es war ein Konstrukt, aus kopierten Einzelteilen zusammengesetzt. Mit der Zeit ist es zerbröckelt, trotzdem ist etwas geblieben, und zwar das, was von Anfang an da war – eine Gewissheit jenseits der Selbstbilder.

Sonne

»Man fragt sich, wie man selber mal wird«, sinnierte der dicke Gemüsemann mit den schwieligen Pranken und den poltrigen Sprüchen, dessen Laden ich gewöhnlich erst eine Minute vor Schließung betrat, weil nur dann keine

Warteschlange mehr zu befürchten war. An dem einen Tag, an den ich mich erinnere, musste ich mich dennoch gedulden. Statt mich zu bedienen, sah er an mir vorbei aus dem großen Schaufenster.

»Sieht die nicht gut aus?«, freute er sich. »Die sieht gut aus!«

Draußen grub eine kuriose Gestalt in den aufgebockten Kisten nach etwas, das sie nicht fand. Unablässig nickend schlich sie hin und her und inspizierte die Auslagen. Ihre Perücke saß schief wie ein Clownshut, der Mantel war falsch geknöpft, und mit der linken Hand fuhr sie sich ständig ins Gesicht, um die geflickte Brille zurechtzurücken.

Mir kam das kaum sehenswert vor, und weil ich nicht warten wollte, verkündete ich: »Ich brauche Ingwer und Limonen und Zitronengras, möglichst noch einen Bund Koriander und ein paar Strauchtomaten.« Als hätte ich ihn beim Genuss einer erlesenen Theateraufführung gestört, winkte er heftig ab. Mein unsensibles Gerede sollte ich mir für die Pause aufheben.

»Sieh doch mal hin!«, zischte er. Er duzte jeden. Draußen holte die verschrobene Alte gerade eine Lauchstange nach der anderen aus einer Kiste und hielt sie einzeln gegen den Himmel. Sie betrachtete jede, nickte immer und legte sie zurück. Keine war richtig. Darauf begann sie, die Äpfel umzudrehen, als müsse jeder gleichmäßig gebräunt werden. Anschließend schien sie Gurken zu ordnen und aus Zitronen ein Muster zu legen.

»Wer ist denn das?«, fragte ich.

»Verrate ich dir gleich«, versprach er, legte seine grüne Schürze ab und kam hinter dem Tresen hervor. Als er die Tür öffnete, schrillte die altmodische Klingel, und die Alte sah auf.

»Na, Oma, was willst du?«, raunzte er.

Sie blickte ihn an, erstaunt über den Mangel an gutem Benehmen, und nickte weiter, als sitze ihr Kopf auf einer schwingenden Spirale. Augenscheinlich war sie mit einem Rollator gekommen. In dessen Korb stand eine Einkaufstasche, und die schien gut gefüllt zu sein.

»Sag mal, hast du dir schon was eingepackt?«, wetterte er. Sie ließ ihn gewähren. Tatsächlich entdeckte er Zwiebeln und Karotten in der Tasche und einen Beutel Kartoffeln. »Das kostet aber einen Heiermann!«, rief er. Damit war ein Fünfmarkstück gemeint. Er griff sich das abgewetzte Portemonnaie aus derselben Tasche und hatte Mühe, Silbergeld zu finden. Schließlich nahm er gar nichts.

»Aber das war's dann, Oma, ja?«, polterte er. »Oder willst du noch irgendwas?« Wie ein Bär stand er vor ihrer geduckten Gestalt. »Na?«

Durch die schiefe, mit Heftpflaster geflickte Brille blinzelte sie in seinen Schatten. Und mit einer Stimme, die wie das Rascheln von Papier klang, schnarrte sie: »Geh mir aus der Sonne.«

»Ha, das ist gut!« Er konnte sich knapp zurückhalten, ihr auf die Schulter zu schlagen. »Das gefällt mir!« Er stampfte zurück in den Laden.

»Was?«, rief er, während er mein Gemüse zusammenpackte. »Die ist gut! Wie?«

»Doch«, bestätigte ich unschlüssig. »Die ist gut.«

Durch die Schaufensterscheibe sahen wir sie mit ihrem Rollator davonschieben. Sie schaute die Straße hinunter, nickend nach links, nickend nach rechts, nickend zurück zum Laden. Richtig, ja, da war sie eben gewesen, wir winkten; aber wo ging es nach Hause? Sie lenkte in die eine Richtung, schien sich des Fehlers bewusst zu werden und wandte sich in die entgegengesetzte. In der ging es leicht bergab. Dorthin zog sie der Wagen. So waren die Zweifel fortgewischt, sie zuckelte der Schwerkraft nach.

Die joviale Laune des Gemüsemannes hatte sich gelegt. »Sie wohnt in der anderen Richtung«, bemerkte er grüblerisch.

»Irgendwann wird sie schon ankommen«, behauptete ich.

»Ja, ja. Aber man fragt sich, wie man selber mal wird.«

»Das hängt von den Erbanlagen ab«, sagte ich neunmalklug.

»Ja, eben«, sagte er. »Das war meine Mutter!«

Die Begebenheit sprang mir jedes Mal ins Gedächtnis, wenn ich wieder bei ihm einkaufte. Viele Jahre lang wohnte ich nicht in der Gegend. Als ich in einem Sommer zurückkehrte, war er selbst gealtert. An seinem Laden und den Auslagen hatte sich nichts geändert. Aber aus dem Grizzlybären war ein abgewetzter Teddy geworden. Er saß auf einem Stuhl vor dem Eingang. Drinnen bediente jetzt seine Frau.

Als ich ihn ansprach, bedachte ich nicht, dass ich für ihn nur einer von vielen Tausend Kunden gewesen war, und kein sonderlich guter – während er sich als einziger Gemüsemann meiner Studentenzeit wie ein Archetyp eingeprägt hatte.

»Erinnern Sie sich noch an Ihre Mutter?«, begann ich. »Es ist viele Jahre her. Da hat sie Ihnen mal Gemüse geklaut.«

Weil er nicht gleich reagierte, beschrieb ich ihm, wie sie beständig nickend die Gurken gewendet hatte und wie er dann in ihrer Tasche fündig geworden war. »Wissen Sie das noch?«

Er lächelte.

»Damals haben Sie gesagt: ›Man fragt sich, wie man selber mal wird.‹ Erinnern Sie sich?«

Mir war entgangen, dass im Schatten der Markise seine Frau im Ladeneingang erschienen war. »Lassen Sie ihn nur«, kam ihre Stimme. Jetzt erst bemerkte ich sie.

»Ich habe mit Ihrem Mann vor langer Zeit mal ein Gespräch über das Altern geführt«, brachte ich hervor.

Sie schüttelte den Kopf. Er hatte sich die ganze Zeit nicht geäußert. Er hatte nur gelächelt.

»Ist schon in Ordnung«, sagte sie.

Ich hatte das Gefühl, verbotenes Gelände betreten zu haben. »Kann ich«, stotterte ich in einem Anflug reuiger Nachbarschaftshilfe, »kann ich irgendwas für ihn tun?«

»Sie können ihm aus der Sonne gehen.«

Tatsächlich: Ich hatte ihm durch meinen Auftritt das Licht genommen. Es war beschämend. Unter Entschuldigungen zog ich ab.

Diogenes

Als Diogenes von Sinope, der Enkelschüler des Sokrates, jene Worte absonderte, die ihm bleibenden Ruhm sicherten, muss er um die siebzig gewesen sein, so alt wie der Gemüsehändler an jenem Sommertag. Nur hatte Diogenes keine Frau, die auf ihn achtgab. Als gedankenvoller Hagestolz hätte er sich beizeiten im Pflegeheim befunden, wenn es damals schon eines gegeben hätte. So aber lebte er in einer aus Fassbrettern gezimmerten Bude am Strand. Als er Besuch von Herrn Alexander bekam, dem Gutachter der Pflegeversicherung, und nach seinem dringendsten Wunsch befragt wurde, nuschelte er zahnlos: »Geh mir aus der Sonne.«

So bekam er keine staatliche Unterstützung, und der Nachruhm, zu dem ihm die Griechischlehrer verhalfen, hat ihm erst recht nichts genützt. Das Ideal der Genügsamkeit, für das seine Anekdote seither steht, wird von fast jedem mit

Vergesslichkeit gesegneten Alten verkörpert. »Gehen Sie ihm ein bisschen aus der Sonne« – bei den Beneidenswertesten äußert diesen Satz sogar nur die Frau. Bei dem Gesegneten selbst ist auch dieser letzte Wunsch zur Ruhe gelegt worden. Ihm ist mittlerweile auch der Schatten willkommen.

Damals, bei meinem letzten Besuch im Gemüseladen, fiel mir das auf: die hilfsbereite Wachsamkeit der Frau. Diogenes hatte keine und durfte unzensiert Unsinn plappern. Wer weiß, was der Gemüsemann am Ende erzählt hätte. Vielleicht wäre es seiner Frau ehrenrührig vorgekommen. Ich kenne dieses Gefühl: Der eine gibt acht, dass der andere nicht zu viel Schabernack treibt. Und wenn der Schabernack nicht zu verhindern ist, strengt sich der eine an, das Bild des anderen zu wahren. Der andere empfindet es als Bevormundung, aber nur am Anfang, dann als Fürsorge, und schließlich ist diese Fürsorge zur Natur geworden; er bemerkt sie nicht mehr.

Wallis Simpson hielt den greisen Herzog von Windsor davon ab, an Sommerabenden seine längst verblichene Urgroßmutter zu besuchen, die Königin Victoria, die ihn einst verhätschelt hatte und die ihn nun zurückbringen sollte auf den englischen Thron. Nina Hagerup wusste zu verhindern, dass Verehrer von Edvard Grieg ihm in den Tagen des Alters zu nahe kamen; ihr Mann klimperte um diese Zeit nur noch schlichteste Kinderlieder und hielt sie für betörende eigene Schöpfungen. Giulietta Masina verkündete, ihr Federico habe auf seine alten Tage zu Gott gefunden, und bestellte einen Pfarrer. Fellini war tatsächlich zum Glauben der Kindheit zurückgekehrt, allerdings erst, nachdem er alles, was auf diese Kindheit gefolgt war, vergessen hatte. Und schließlich vergaß er auch den Glauben; er benötigte ihn nicht mehr.

Yves Montand gab acht auf Simone Signoret, Scott Fitzgerald auf Zelda, John Bayley auf Iris Murdoch, und ich nehme an, Dornröschens Prinz übernahm bald nach der Hochzeit ihre Pflege, denn beim erweckenden Kuss hatte sie bekanntlich die hundert bereits überschritten. Doch meist ist die Frau die Kindergärtnerin des Mannes. Gala Eluard hielt bis zu ihrem Hinscheiden den glücklich verwirrten Dalí davon ab, Liebeserklärungen an die Diktatur zu veröffentlichen; stattdessen ließ sie ihn leere Blätter signieren. Als Sartre absonderlich wurde und in philosophischer Runde bei seinen Ausführungen stecken blieb, und zwar immer früher, weil er sich an den Anfang seiner Darlegungen nicht mehr erinnerte, griff Simone die in der Luft hängenden Sätze auf und führte sie zu Ende. Sie kannte seine Weisheiten zu Leben und Tod so gut, wie eine Ehefrau die Kommentare ihres Mannes zu den Fernsehnachrichten kennt.

Auch ich habe manches Scharfsinnige zu den aktuellen Nachrichten beizutragen; und auch die eine oder andere höhere Weisheit ist mir schon eingefallen. Oder ist es nur eine einzige Weisheit, und ich habe sie ein bisschen zu oft geäußert? Wie bei Sartre beobachte ich, dass meine Frau es sich zur Aufgabe gemacht hat, meine Sätze zu Ende zu führen, und ausgerechnet die originellsten. Seit wann eigentlich? Nicht seit Beginn unserer Ehe, das ist sicher. Seit ich bei komplizierten Diskussionen verstumme? Seit Venedig? Schwer zu sagen; so etwas hat keinen datierbaren Anfang, es schleicht sich ein.

Anfangs hat mich ihr Eingreifen gestört; besonders, wenn es zu rasch geschah, wenn mir das Ende des Satzes noch eingefallen wäre, sofern sie mir Zeit gelassen hätte; oder aber, wenn ich sicher war, ich hätte eigentlich etwas anderes sagen wollen, etwas Bedeutenderes, während sie meinen Satz in eine schlichtere Richtung lenkte, auf einer flacheren Bahn. Welches die ursprüngliche Richtung war und wie hoch ich hinauswollte und auf was überhaupt, fiel mir allerdings nicht mehr ein.

Halbe Sätze

Als ich mich beschwerte, begnügte sie sich mit dem Hinweis: »Du hast mir doch mal von deinem Mathelehrer erzählt, den mochtest du doch!« Eine überraschende Wendung, aber ich filterte Trost daraus. Der Mathematiklehrer meiner Schulzeit brachte seine Sätze kaum jemals zu Ende und war dennoch ein bewunderter Mann. Ich sehe ihn an der Tafel stehen, mit einem Stück Kreide in der Hand. Er starrt seine Formel an. Weiß er noch, wie sie zustande gekommen ist? Eben hat er einen Satz angefangen, hat ihn ungefähr bis zur Hälfte geschafft und ist nun beim Blick auf die Kreideschrift stecken geblieben. Womöglich ist auf seiner inneren Tafel eine kühnere Formel erschienen, ein einleuchtenderer Lösungsweg. Vielleicht überlegt er, ob er der geplagten Klasse auch noch diesen Weg zumuten soll. Dann entschließt er sich, es nicht zu tun. Er legt die Kreide beiseite und wendet sich dem Mathematikbuch zu und den anstehenden Hausaufgaben. Sein erklärender Satz schwebt noch unvollendet im Klassenraum. Was der Mann hat sagen wollen, kann nur denjenigen verständlich sein, denen man ohnehin nichts erklären muss. Alle anderen haben die Formel nicht begriffen und seufzen. Nachfragen hat keinen Sinn. Er ist schon beim nächsten Thema.

Die wenigsten von uns erlangten gute Mathematiknoten. Trotzdem wurde der Mann geschätzt. Kein guter Erklärer, sagte man, das wahrhaftig nicht, aber ein warmherziger und gewinnender Mensch, eine Persönlichkeit. Also denn. Mag meine Frau fortan meine Sätze zu Ende führen und selbst die originellsten in eine Richtung lenken, die sie für richtig hält. Nach fünfundzwanzig Jahren unangefochtener Mitgliedschaft in jenem Club, von dem ich nicht mehr weiß, wo er tagt, darf ich feststellen: Der zweite Teil eines Satzes hat häufig noch weniger Inhalt als der erste.

Dem amerikanischen Polizeichef Edgar Hoover schwand das Gedächtnis, als er noch in verantwortlicher Position stand und Entscheidungen zu treffen hatte. Ruhm, Protektion und Medaillen hatten ihn unanfechtbar gemacht, ähnlich wie zuvor den Chirurgen Ferdinand Sauerbruch, der in seinen späten Jahren nicht mehr zwischen Gallenblase und Blinddarm unterscheiden konnte und dennoch zuversichtlich das eine entfernte, während das andere befallen war. Nach eigenen Worten vertraute er auf »Gottes wohlwollende Gleichgültigkeit«. Gut ausgedrückt!

Hoover begann Sätze und ließ ihren Ausgang in der Schwebe. »Den Rest können Sie sich ja denken«, beschied er einen schüchtern nachfragenden Assistenten.

Der wandte ein: »Und wenn Sie sagen würden: ›Drücken Sie den roten Knopf ...‹, und den Satz nicht weiterführen, ist dann gemeint: ›Drücken Sie ... niemals ohne meine Genehmigung‹ oder ›... sobald Sie es für richtig halten‹ oder ›... sofort‹ oder ›... nur im äußersten Notfall‹?«

»Wenn es so weit ist, werden Sie es wissen«, äußerte Hoover und wandte sich ab. Einerseits war das bis zuletzt seine Standardantwort auf alle unbequemen Fragen, zugleich aber ist es eine geniale Weisheit, würdig eines hochdekorierten Meisterdetektivs.

Die Antwort habe ich mir gemerkt, und sie wird eine der letzten sein, die mir entgleiten. »Wenn es so weit ist, werden Sie es wissen«: Der Satz ist wahr. Nicht nur, weil alle Fragen sich mit der Zeit von selbst erledigen. Sondern mehr noch, weil die Antwort stets schon in der Frage enthalten ist – und im Frager, wenn er sie stellt. Sokrates soll diese Einsicht als Erster zur Maxime erhoben haben. Sie macht jeden Fragenden zum Experten seiner selbst und liftet den Schlagbaum zwischen Schüler und Lehrer. Meine greise Mutter entdeckte sie von Neuem. Als der Neurologe Nowack die klassische Testfrage stellte: »Wie viel ist hundert minus sieben?«, antwortete meine Mutter: »Das werden Sie ja wohl selber wissen!« Natürlich hatte sie recht. Allerdings brachte ihr diese Weisheit keine Punkte im Mini-Mental-Status-Test.

Streichquartette

Werde ich meiner Mutter ähnlicher, wie Freunde behaupten? Äußerlich, ja. Und sonst? Warum nicht! Sie driftete heiter in die Freiheit. Ich lege mir ihre Lieblingsmusik auf: Beethovens späte Streichquartette. »Bitte etwas leiser«, wünscht meine Frau. Ihr ist diese Musik zu unausgeglichen: Die Themen versickern, die Sätze bleiben in der Luft hängen. Das Werk eines Meisters, dem beizeiten Gehör und Gedächtnis abhandenkamen. Musikwissenschaftler finden das großartig, ich ebenfalls, und ich bin glücklich, dass er als Ehrenmitglied aufgenommen wurde, posthum natürlich, in den Club der Zerstreuten.

»Sag mal«, forscht meine Frau, »wollte nachher nicht jemand kommen, so gegen sieben, oder habe ich das falsch in Erinnerung?«

Auf dergleichen Tests falle ich nicht herein: »Das hast du ganz richtig in Erinnerung.«

Scheinheilig fragt sie: »Und wer?«

Ha! Mit dem diskreten Charme eines amerikanischen Meisterdetektivs erkläre ich: »Wenn es so weit ist, wirst du es wissen!«

Mit diesem preisgekrönten Bescheid zieht sie sich lächelnd zurück. Oder hat es eben bereits geklingelt, und sie geht die Tür öffnen? Ich rufe ihr nach: »Das Haus gegenüber hat übrigens fünf Stockwerke!«

Oder es sind doch vier. Im Parterre fegt Frau Jansen ihren Balkon. Ein Kind in grüner Kapuzenjacke steht davor und sieht zu. In der Etage unterm Dachgeschoss ist Frau Konopka auf den Küchenbalkon getreten, hager, in weißem Kittel. Pia Faller ist nicht zu sehen. Durchs Fernglas erkenne ich nur die Wanduhr in ihrer Küche; die Zeit ist nicht abzulesen. Frau Konopka wuchtet einen Teppich übers Geländer. Achtzig wird sie wohl sein, soweit sich das mit achtfacher Vergrößerung schätzen lässt. Aus dem Dunkel der Wohnung holt sie einen Gegenstand aus geflochtenem Rohr, der in ihrer Jugendzeit zur Erziehung diente, einen Teppichklopfer. Peng, peng, peng – kleine Explosionen hallen über den Hof, jedes Mal pufft ein Wölkchen Staub in die Luft. Ab und zu legt sie eine Pause ein und späht in den Märzhimmel. Richtig, da sind ein paar Wolken aufgezogen. Schneien wird es nicht mehr, wie noch in der vergangenen Woche. Aber regnen könnte es bald. Die höheren Wolken ziehen hell und leicht, darunter schieben sich langsamere dunkel und schwer ins Bild. Für den Teppich wird die Zeit reichen.

Frau Jansen, auf ihrem Parterrebalkon, hat sich mit gelben Gummihandschuhen und einem Schrubber bewaffnet. Der Eimer steht in der offenen Tür. Das Kind sieht ihr unverwandt zu. Sie hat es schon vergeblich angesprochen. Es steht da und schaut. Oder sagt es jetzt doch etwas? Sie hält in der Bewegung inne und scheint zuzuhören. Aber sie versteht es nicht. Sie fragt nach. Wie bitte? Was meinst du? Das Kind ist bei dieser Frage endgültig verstummt. Nun wendet es sich ab und trollt sich. Frau Jansen schrubbt die Fliesen.

Man nennt es Frühjahrsputz. Meine Großmutter putzte, je älter sie wurde, unabhängig von den Jahreszeiten und immer hingebungsvoller ihre winzige Wohnung. »Frühjahrsputz«, rief sie und bürstete und wienerte und saugte Staub, eindeutig zu viel, wie uns schien, jedoch mit erkennbarer Freude. Schließlich tat sie nichts anderes mehr. »Vor der Erleuchtung nimm den Besen und fege, nach der Erleuchtung nimm den Besen und fege«, heißt es im Zen. Meine Großmutter verwendete einen Staubsauger, aber erleuchtet war sie am Ende, nach den Kriterien des Zen.

Frau Jansen schaut nach der kleinen Blumenrabatte neben ihrem Balkon. Das Beet vor den staubigen Kellerfenstern untersteht ihrer Verantwortung. Die Einfassungen aus Ziegelsteinen hat sie begradigt, die Rosen gestutzt, die Krume gelockert, Gladiolenknollen gesetzt. Ein paar Schneeglöckchen leuchten aus der dunklen Erde, Krokusse und Hyazinthen werden bald folgen. Auf der anderen Balkonseite, das geriffelte Badezimmerfenster verdeckend, blüht schon ein Haselstrauch, die Kätzchen hängen wie grün-gelbe Raupen von den Zweigen.

Haselblüte! Daher also die erschütternden Nieser des alleinstehenden Privatgelehrten, der über mir wohnt. Es beginnt die große Zeit der Allergiker. Neurologisch betrachtet haben sie Ihnen und mir eines voraus: Es gibt eine ungeklärte Beziehung zwischen Heuschnupfen und Erinnerung. Nicht nur das Immunsystem hat ein unbestechliches Gedächtnis, der Allergiker selbst ebenfalls. Dass das ein Vorteil ist, bezweifle ich. Heuschnupfen ist ein aufgebürdetes Antidot gegen das Vergessen. Ein Verhängnis, das in meiner Familie nie aufgetaucht ist.

Zum Beweis liegt hier der Telefonhörer neben dem Apparat. Habe ich ihn, in Gedanken versunken, abgenommen? Wollte ich telefonieren? Oder bin ich lediglich dagegengekommen, als ich mich mit dem Fernglas über die Tischplatte beugte? Ich besitze zwei Telefone. Ein schnurloses Handgerät, dessen gepulste Strahlung mein Gehirnwasser seit vielen Jahren überhitzt hat. Und ein altertümliches Tischgerät, das ich häufiger benutze, weil das schnurlose selten zu finden ist. Und nun liegt der Hörer daneben. Ich lausche: Rauschen, nicht einmal mehr das Besetztzeichen. Dann liegt er schon länger so. Wie lange? War jemand dran?

Kontakte

Ich habe vorhin so etwas wie ein Klingeln gehört. Ich glaubte, von der Tür. Dann hat in Wahrheit jemand angerufen? Sie womöglich? Haben Sie angekündigt, Sie würden sich für unsere kleine Partie Memory verspäten, zu Ihrem Bedauern? Einverstanden. Macht nichts. Mir wäre es sogar recht. Je später der Tag, desto mehr Geistesgegenwart bescheinigt man mir. Wie ist Ihr Name? Notiert habe ich nichts oder jedenfalls nichts Eindeutiges. Einige Zettel mit Namen liegen ständig auf meinem Schreibtisch, daneben auch Zettel mit Telefonnummern, vereinzelt beides in Kombination. Etliche solcher Memos zieren obendrein die Pinnwand, und noch viel mehr sind im Dateienlabyrinth der Festplatte verschollen.

Nicht immer kann ich mit den Namen etwas anfangen, mit den Telefonnummern noch seltener, zumal bei einigen offenkundig ein paar Ziffern fehlen. Manchmal scheint es, dass ich mit dem Notieren auf dem einen Zettel begonnen und auf dem danebenliegenden weitergeschrieben habe. Jetzt sind verschiedene Kombinationen möglich wie bei einem Verwandlungsbilderbuch. An langen Nachmittagen probiere ich sie aus. Auf einen Bekannten bin ich dabei noch nicht gestoßen, aber manche neue Bekanntschaft hat sich ergeben und ist gleich wieder erloschen; denn ich habe mir die Nummer dazu nie gemerkt.

Häufiger noch verfehle ich die richtige Zeile in meinem Adressbuch. Ich rufe die Nummer in der Zeile darüber an oder die Nummer darunter. Das führt zu Überraschungen auf meiner und auf der anderen Seite: »Was, du?! Du hast dich ja lange nicht gemeldet!« Dann muss ich mir einen Grund einfallen lassen oder wenigstens ein paar Minuten Konversation treiben. Wenn es heißt: »Wir haben doch gerade telefoniert, was ist denn jetzt noch?«, habe ich auch eine Antwort parat: »Ich wollte nur noch einmal sagen, wie dankbar ich bin, dass wir uns kennengelernt haben.«

»Ja, ja.«

Ich selbst werde kaum noch angerufen, seit ich eine neue Telefonnummer habe, die zwar schon einige Jahre besteht, die ich mir aber nicht einprägen kann. Wenn ich danach gefragt werde, gebe ich meist meine alte an. Mitgliedern im Club der Zerstreuten wird geraten, den Provider nur zu wechseln, wenn die alte Nummer mitgenommen werden kann. Möglichst die ganz alte, die allererste. Immer häufiger werde ich dabei ertappt, dass ich die Telefonnummer meiner Eltern angebe, aus jener prähistorischen Epoche, in der ich noch bei ihnen wohnte und in der es noch sechsstellige Nummern gab. Wer sie wählt, erreicht niemanden. So kurze

Nummern werden nicht mehr vergeben. Natürlich hilft es, intuitiv eine weitere Ziffer hinzuzufügen. Auch so kommen interessante Kontakte zustande.

Jetzt habe ich den Telefonhörer wieder aufgelegt. Sie können es noch einmal versuchen. Achten Sie bitte darauf – das ist ein Wunsch meiner Frau –, was ich sage, wenn ich abhebe. Es weist auf die Welt hin, in der mich gerade aufhalte. Meine Mutter meldete sich ab Mitte siebzig häufig mit »Gemeindebüro Ansgarkirche«; da hatte sie jahrelang als Sekretärin gearbeitet. Ungefähr ab achtzig tauchte auf: »Hier bei Professor Meyer«; ihr Vater hatte als einer der Ersten in Stettin ein Telefon besessen. Als kleines Mädchen war sie stolz gewesen, dass sie für ihn abheben durfte. Als altes Mädchen war sie abermals stolz.

Es war beglückend, das mitzuerleben. Allerdings konnte sie mit dem, was die Anrufer erzählten, gewöhnlich nichts anfangen. Und wenn sie mit dem Nachnamen Bittrich angeredet wurde, ging ihr rasch die Geduld aus: »Da haben Sie sich aber verwählt!« Und legte auf. Nur Kenner kamen durch.

Ich nehme an, das Gespräch eben ist nicht so verlaufen? Und falls doch, verraten Sie mir bitte nachher, unter welchem Namen ich mich zu erkennen gegeben habe: »Botanisches Institut«? Oder »G. und G. Schmitz Personalberatung«? Da habe ich mal gearbeitet. Oder wollte ich, noch weiter verjüngt, meine Eltern herbeirufen? »Einen Moment, ich hole meinen Vater«? Und Sie haben sich gewundert und bekamen noch mehr Zeit zum Wundern, denn nach dieser Ankündigung blieb ich weg? Sie haben sich wahrscheinlich schon gedacht, dass es nicht so leicht sein wird, meinen Vater zu finden.

Eine ähnlich erholsame Pause können Sie erleben, wenn ich sage: »Moment, da muss ich nachsehen; einen Augenblick, bitte.« Danach hören Sie in der Regel nichts mehr. Lauschen Sie jedoch gern der Liveübertragung. Sie hören mich rascheln und kramen, ein bisschen pfeifen, etwas murmeln, dann scharrt ein Stuhl, denn ich bin aufgestanden, um Tee zu kochen. Sie hören meine verhallenden Schritte. Vielleicht gehe ich auch duschen. Bis ich trocken bin, brauchen Sie natürlich nicht zuzuhören. Wenn ich dann wieder an den Schreibtisch zurückkehre, werde ich bemerken, dass der Telefonhörer neben dem Apparat liegt. Nanu! Ist jemand dran? Nein, nur Rauschen. Dann bin ich wohl versehentlich dagegengestoßen.

Pannenland

Gewöhnlich wird beklagt, die Gesellschaft sei schnelllebig und lege nur Wert auf reibungsloses Funktionieren und Effizienz. Das Gegenteil ist wahr. In meiner Wohnung geht es umständlich, langsam und vollkommen ineffizient zu. Und was noch besser ist: Ich beobachte, dass ich damit Teil eines Trends bin, der immer mächtiger wird. Dies ist erst der Anfang. Mit der herrlichen Vermehrung der Spleenager werden sich Gesellschaft und Geschäftsleben wohltuend verlangsamen.

Fast ist es schade, dass Paul Virilio, der ermüdende Prediger der Entschleunigung, die Einlösung seiner Forderung nicht mehr mitbekommt; jedenfalls nicht mehr in dem Bewusstsein, mit dem er sie einst propagiert hat. Als wahrer Prophet ist er der Gesellschaft auf dem Weg der Entschleunigung höchstpersönlich vorausgegangen. In dem Altersheim, in dem er jetzt lebt, hält er den schleichenden Bewohnern aus alter Gewohnheit Vorträge über die Vorzüge der Langsamkeit.

Und alle folgen. Dort sowieso, aber auch hier. Der Autoverkehr ist längst dabei. Auf Rolltreppen, Straßen und viel begangenen Fußwegen ist nur noch ein schneckenhaftes Vorankommen möglich, von den Warteschlangen an Supermarktkassen ganz zu schweigen. Auch ich krame gern ausgiebig in meinem Portemonnaie und grabe in allen Hosen- und Manteltaschen, um am Ende festzustellen: »Ich glaube, ich habe es nicht passend«, worauf mir noch einfällt zu fragen: »Wie viel soll ich überhaupt zahlen?«

Wird jemand ungeduldig? Sie doch nicht? Bald keiner mehr, da bin ich zuversichtlich. Aggressiv und kriegerisch sind ausschließlich Völker mit einem hohen Anteil an Jugend. Unseres kann sich feuriges Temperament schon lange nicht mehr leisten. Es wird friedlich – dazu auch noch lustig. Die Nation kommt zur Ruhe und bietet zugleich staunenswerte Attraktionen und verschrobenes Entertainment. Ich freue mich auf die Touristen, die dieses wacklige Volk besuchen, mit all seinen schrulligen Bewohnern. Wie bei jeder Pannenshow gehören ein paar kleine Meckereien und Blechschäden dazu, nichts jedoch wird dauerhaft und von Bedeutung sein. Genau das: Dass die Bedeutung aus dem Leben weicht wie eine hässliche Verfärbung aus einem eingeweichten Tuch, das wird alle entspannen, die Bewohner und die Besucher.

Und Sie kommen ja gleich zur Kostprobe! Übrigens hat es tatsächlich zu regnen begonnen. Vielleicht haben Sie deshalb angerufen? Es ist nur ein Schauer. Die hohen Wolken sind immer noch hellgelb beleuchtet, nur die darunter, die schweren grauen, geben jetzt ihre Last ab. Das Haus gegenüber hat um diese Stunde schon seine Farbe verloren. Es ist die dunkle Kulisse, vor der die Regentropfen wie Lichttropfen fallen. Es regnet hell. Aus den Wolkenlücken leuchtet das Blau herunter, da ist Weite und Offenheit, während das Haus drüben seiner eigenen Schwerkraft nachsinkt. Nur noch das Dach glänzt.

Also, wenn Sie jetzt gleich um 19 Uhr kommen oder ein paar Minuten später – und ich zweifele nun nicht mehr, dass Sie es sind, schließlich haben Sie sich mit dieser Lektüre mitfühlend darauf eingestimmt –, dann rechnen Sie bitte damit, dass ich nicht sofort an die Tür komme. Es hat heute schon ein paarmal geklingelt; die Postbotin und ein privater Briefdienst, ein Paketzusteller, dann jemand, der mir etwas verkaufen wollte und vermutlich auch verkauft hat. Man kann nie genügend Abonnements besitzen.

Es ist besser, wenn Sie mehrmals klingeln, sonst kehre ich nach kurzem Lauschen wieder zu meinen Memory-Karten zurück oder durchblättere weiter Websites auf der Suche nach etwas, das nicht zu finden ist. Möglich auch, dass ich zur Tür gehe in der Absicht, den Knopf des Summers zu drücken, dass ich aber auf dem Weg dahin abdrehe, denn mittlerweile kocht in der Küche tatsächlich das Wasser. Es ist Wasser für Gyokuro, den japanischen Schattentee, der besonders wohltuend auf das Konzentrationsvermögen wirkt und ein langlebiges Gedächtnis garantiert. Ich trinke ihn seit meiner Studentenzeit. Haben Sie nun geklingelt oder nicht?

In der Küche kommt mir in den Sinn, dass ich einen Filzstift brauche; das Wasser muss ohnehin auf achtzig Grad abkühlen, sonst verbrüht das Aroma. Einen Filzstift, um auf der Tüte ein Datum zu notieren, das Datum der Öffnung. Deshalb kehre ich zurück ins Arbeitszimmer, von wo ich die Klingel übrigens sehr gut hören würde, und drehe ein paar

Kärtchen um und vergleiche die Bilder. Moment – etwas fehlt. Tee! Ich gehe in die Küche – ah, das Wasser ist schon heiß! Richtig, ich war bereits hier! Ich sehe die Tüte, auf der ich das Datum notieren will, und gehe mit dem Vorsatz, den Stift zu holen, ins Arbeitszimmer. Das kann sich wiederholen, und warum nicht? Gute Musik kann man immer wieder hören, gute Filme häufig sehen, Plastikautos unendlich oft um Sandkisten schieben. Auch Ihre Wiederholung ermüdet mich nicht. Klingeln Sie gern noch einmal.

Überraschung

Sieh mal, wer gekommen ist!« Meine Frau steht in der Tür meines Arbeitszimmers. Richtig, meine Frau ist ja da! Da haben Sie Glück gehabt. Sie seufzt: »Du wolltest dir doch etwas Besseres anziehen.« Zu spät. Draußen im Flur höre ich jemanden rumoren. »Na, ist das eine Überraschung?«, will sie wissen. »Ich habe es dir heute Morgen gesagt!«

Ich versuche, an ihr vorbeizuspähen, sehe tatsächlich eine dunkle Gestalt, eben hat er oder sie den Mantel auf einen Bügel am Kleiderständer gehängt und steht nun regungslos da wie in einem Versteckspiel. Sind Sie das? Das sind doch nicht Sie!

»Na? Erkennst du ihn?« Meine Frau ist fröhlicher Stimmung, als hätte sie Ostereier für mich versteckt, und jetzt müsste ich suchen.

Erkenne ich ihn? »Wenn du mir nicht die Sicht versperrst, möglicherweise.«

Sie tritt zur Seite. Ja, jetzt sehe ich den Mann. Er lächelt. Allerdings, den habe ich schon mal gesehen. Nur wo? Er ist schlank, kurz geschoren, weißblond, sportlich elegant angezogen, etwas zu förmlich für meinen Geschmack, und er ist deutlich älter als ich. Eine würdevolle Gestalt.

»Darf ich vorstellen?« Meine Frau posiert in heiterer Theatralik. »Dein alter Klassenkamerad Nicolas Nowack!«

Tatsächlich! Natürlich! Ja, klar! »Nicolas!«

»Dietmar! Hallo!« Erst jetzt kommt er näher.

Meine Frau behauptet: »Er wollte dich schon so lange mal wiedersehen.«

»Soweit ich weiß, bist du Arzt geworden«, erinnere ich mich.

»Und du siehst blendend aus«, erwidert er mit therapeutischer Zuversicht. Er stellt eine Ledertasche neben den angebotenen Stuhl. »Man merkt, dass du eine tolle Frau hast.«

Solche wohlfeilen Komplimente kann ich ebenbürtig erwidern: »Und du bist überhaupt nicht gealtert.«

Er lacht mit gereinigtem Gebiss: »Na, ich spüre schon das eine oder andere Zipperlein. Du etwa nicht?«

Nun ja. Im Augenblick fällt mir nichts ein. Ach, doch: »Seit einiger Zeit muss ich das Fernglas nehmen, um die Nachbarn zu erkennen.«

Er amüsiert sich höflich: »Lohnt es sich? Oder schreibst du darüber?«

Es ist Abend, ich bin geistesgegenwärtig, ich kann scherzen: »Ich schreibe einen Essay über die Zahl der Stockwerke im Haus gegenüber.«

Er lächelt eine Spur zu verständnisvoll: »Das klingt vielversprechend.« Und holt einen Stoß Papiere aus seiner Tasche.

»Ist nicht so ernst gemeint«, füge ich rasch hinzu. Was will er mit diesen Blättern? Er hat in der Schulzeit Gedichte geschrieben und dadaistische Kurzprosa, die in der Schülerzeitung abgedruckt wurde. Kommt jetzt das Alterswerk? Soll ich ihm einen Verlag vermitteln?

»Dietmar, du hattest Wasser aufgesetzt«, teilt meine Frau mit. »Wolltest du Tee kochen? Soll ich das übernehmen?«

»Ja, mach die englische Mischung.« Den Gyokuro vergeude ich nicht. Wenn Sie gekommen wären, das wäre etwas anderes! Aber dahergelaufene Gäste bekommen das Pulver, das in Supermärkten als englische Mischung verkauft wird. Und Sie und ich, wir holen den Gyokuro nach, ja?

»Dietmar hat vor einer Woche den Wasserkocher auf die Herdplatte gestellt und sie dann hochgedreht«, verrät meine Frau. »Die Platte war glühend rot und total mit Plastik verklebt.«

Nicolas sieht mich wohlwollend an.

»Ich bin Mitglied im Club der Zerstreuten«, erkläre ich.

»Seit wann?«, will er wissen.

»Und das stank!«, erinnert sich meine Frau. »Wie bei einem Giftgasunfall!«

»Mitglied bin ich seit meiner Geburt«, behaupte ich. »Aber ich habe auch gelernt, dass es Phasen der Zerstreutheit gibt. Astrologisch gesehen, zum Beispiel, wenn der Neptun durch das erste Haus geht. Und das kann Jahre dauern.«

»Ist das bei dir der Fall?«

»Schon möglich. Oder wenn Neptun über Merkur geht, dafür braucht er allerdings nur ein Dreivierteljahr.«

»Ich kann ja gegen Weihnachten wiederkommen.«

»Du bist jederzeit willkommen! Zerstreutheit«, erläutere ich etwas zu eifrig, »ist außerdem oft ein Zeichen geistiger Weiterentwicklung.«

Er hebt die Brauen.

»Nicht, dass ich bedeutende Fortschritte für mich beanspruchen will, aber die transpersonalen Psychologen haben das festgestellt, und die Neurolinguisten ebenfalls. Demnach ist Zerstreutheit ein klassisches Symptom bei Bewusstseinserweiterung. Das ist so, als ziehe man um, in ein größeres Haus. Die Räume müssen neu und anders eingerichtet werden. Es dauert, bis man sich in ihnen zurechtfindet. Daher gewisse Schwierigkeiten am Anfang.«

Nicolas nickt aufmerksam. Diese Überlegung scheint ihn tatsächlich zu interessieren. Dann klopft er behutsam die Kanten seines Papierstapels auf dem Tisch zurecht. Seine gesammelten Werke? Nun gut – ich seufze unhörbar –, dann her mit all den Gedichten und Kurzgeschichten.

»Du hast etwas mitgebracht?«, frage ich mit dem Ausdruck freundlichen Interesses. »Ein Manuskript, das ich lesen darf?«

Er lacht. »Nein, nein, keine Sorge.«

»Sondern?«

»Dietmar, lediglich zur Abklärung: Wir machen jetzt den DemTect-Test.«

II Die Wiederverzauberung der Welt

Flusswasser

Ich liebe Tests. Man kann sie nur bestehen. Teller, Hund, Lampe, Brief, Apfel, Hose, Tisch, Wiese, Glas, Baum. Na bitte!

»Sie strahlte über das ganze Gesicht, wie eine Schulanfängerin, die nach vielen Wochen den Buchstaben A erlernt hat«, berichtete ein Gutachter über Rita Hayworth. Rita hatte nicht nur das Datum ihrer Geburt korrekt genannt, sondern auch ihren vollständigen Namen: Margarita Carmen Cansino. Und das im Alter von dreiundsechzig Jahren, als ihr längst nicht mehr geläufig war, in welchen Filmen sie mitgewirkt und welche Männer sie geheiratet hatte. Der Gutachter stellte einfachere Fragen: die nach dem gegenwärtigen Jahr oder nach der Tageszeit oder nach dem amerikanischen Präsidenten. Auf einige Fragen antwortete sie: »Das spielt keine Rolle«, auf andere: »Sage ich nicht«, und auf die meisten: »Das geht Sie nichts an!« Test bestanden.

Es gibt eine verwandte Szene im *Prosa-Lancelot*, dem weitschweifigen Epos von Lancelot und Ginover aus dem dreizehnten Jahrhundert. Der Roman schildert nicht nur die umständlichen Abenteuer der Gralssucher und die Leidenschaft zwischen Ritter und Königin. Zum ersten Mal wird hier von der Auflösung der Artuswelt erzählt und vom allmählichen Wunderlichwerden des Königs. Während die Ritter feiern, sitzt Artus schweigsam und sonderbar lächelnd am Tisch. Er ist kaum älter als sechzig, doch in dieser Epoche gilt das als alt, fast greisenhaft. Derweil um ihn herum gezecht und gesungen wird, lächelt er seinen Becher an, pocht mit dem Finger dagegen und lauscht diesem Klang. Die Ritter wollen etwas wissen, sie erkundigen sich nach den nächsten Fahrten, sie erwarten Anweisungen, sie fragen – Artus antwortet nicht, er erhebt sich und geht hinaus.

Der König hätte zu diesem Zeitpunkt nicht mehr viele Punkte im DemTect-Test gesammelt. Aber er hätte denselben Test bestanden wie Rita Hayworth: den der Wahrhaftigkeit. Als die Ritter ihn später erbittert bestürmen und er sich nicht entziehen kann, antwortet er mit demselben Satz wie Rita, nur in sperrigem Mittelhochdeutsch: »Das spielt keine Rolle.« Die Ritter »erschaudern«, so heißt es, denn sie glauben noch fest an ihre Rolle. Sie halten es noch für wichtig, wie splitterfest die Lanzen sind und wie rostfrei die Rüstungen – und vor allem, wo das ersehnte heilige Gefäß aufzutreiben sein mag, der Gral.

Für Artus ist dieses Rollenspiel zu Ende. Die Ritter versuchen, sich seine Wandlung zu erklären, und finden auch etwas. Bestürzt raunen sie einander die unheimliche Ahnung zu: Artus habe »aus dem dunklen Fluss getrunken, dessen Wasser Schlafmüdigkeit und Vergessen bringt«.

Schlafmüdigkeit und Vergessen. Derselbe Fluss rauscht magische Jahrhunderte später durch den Nachtwald, den Tolkiens Hobbits durchqueren müssen. Ihr Lehrer Gandalf rät ihnen, zumindest auf dem Hinweg noch nicht davon zu kosten. Auf dem Rückweg hingegen, wenn genügend Abenteuer bestanden sind und wenn sich Erfolg und Misserfolg als gänzlich gleichwertig herausgestellt haben, möge ein kleiner Trunk des Vergessens heilend sein und der Seele zur Ruhe verhelfen.

Ich selbst habe mich auf das Wasser dieses Flusses gefreut, seit ich die Passage im *Prosa-Lancelot* gelesen habe. Es gibt nichts Erholsameres als Schlaf und Vergessen. Die jungen

Ritter im mittelalterlichen Roman sind zu verstrickt in ihre Vorstellungen, um das zu ermessen. Erst allmählich dämmert ihnen die ungeheure Wahrheit: dass der Gral mit nichts anderem gefüllt sein kann als mit dem Wasser dieses Flusses. Artus hat davon getrunken und seinen Frieden gefunden. Die Ritter, die sich ewiges Leben in ewigem Frühling erhofft hatten, brechen ihre Suche ab. Die Tafelrunde löst sich auf.

Zehn Worte

Hugo von Hofmannsthal hat sie später dafür getadelt. Genau das sei doch das ewige Leben, das Artus erlangt habe: das Leben in der Zeitlosigkeit, und die immerwährende Jugend bestehe in nichts anderem als im Ende der Geschichte vom Altern. Wer sich diese Geschichte nicht mehr erzähle, sei vom Altern befreit. Es ist ganz einfach. Der Trunk aus Schlaf und Vergessen schenkt das Ersehnte. Im Schlaf ist die Zeit ohnehin aufgehoben, im Vergessen versiegt ihr Strom. Die Geschichte vom Altern wird nicht mehr fortgesponnen.

Meine Mutter lebte zuletzt zeitlos. Sie muss ihre Jugend als ewig empfunden haben, ohne allerdings noch Wert darauf zu legen. Und Sie und ich? Wie nah sind wir der Zeitlosigkeit gekommen? Mal sehen. Im ersten Absatz dieses Kapitels habe ich zehn Begriffe aufgezählt. »Apfel« gehörte dazu. Sie erinnern sich an »Apfel«? Oder ist Ihnen »Hund« im Gedächtnis geblieben? Ausgezeichnet. Sehr gut. Sonst noch etwas? Je weniger Sie wissen, desto besser. Dann haben

Sie den Gral bereits an die Lippen gesetzt. Sie haben vom Wasser gekostet. Sie nähern sich der Freiheit.

Der DemTect-Test beginnt mit dieser Aufgabe. »Ich werde dir jetzt langsam eine Liste mit zehn Worten vorlesen«, verkündete an jenem Abend Nicolas Nowack, als hätte ich nie davon gehört. »Danach wiederholst du bitte möglichst viele dieser Begriffe. Auf die Reihenfolge kommt es nicht an.« Während er sie vorlas, glaubte ich, die Worte wiederzuerkennen. Oder waren sie lediglich ähnlich? Hatte sich seit der Erstfassung jemand die Mühe gemacht, neue Begriffe in die alte Liste zu mischen? Oder ist das nicht nötig? Als meinem Vater die Liste zum ersten Mal vorgelesen wurde, konnte er mit einigem Nachdenken drei Worte wiederholen: Apfel, Tisch, Hund. Ich, der ich damals noch nicht geprüft wurde, kam auf acht; diesmal auf vier, nach dem ersten Zuhören.

»Vielen Dank«, las Nicolas vom Blatt ab. »Nun nenne ich dir dieselben zehn Worte ein zweites Mal. Auch danach solltest du wieder möglichst viele Worte wiederholen.« Ich tat ihm den Gefallen. Noch einmal die vier, die ich schon genannt hatte, und zwei dazu. Macht vier Punkte vom ersten Zuhören, sechs Punkte vom zweiten, insgesamt also zehn von möglichen zwanzig. Fünfzig Prozent, der Becher mit dem erfrischenden Flusswasser ist halb geleert.

Und wie geht es Ihnen? Apfel, Tisch, Hund habe ich Ihnen gerade kostenlos angeboten. Fällt Ihnen noch etwas ein? Oder sollen wir gleich zum Verwandeln von Zahlen übergehen? Mein Vater kam bis zu vierstelligen Zahlen, bei mir endete der Ehrgeiz bei dreistelligen. Wir kommen gleich dazu. Also, heraus mit der Sprache: Was haben Sie behalten? Stuhl, Messer, Vase? Auch nicht schlecht! Schlagen Sie diese Begriffe gern dem Erfinder des Testes vor, Pasquale Calabrese, damit er mal auf andere Gedanken kommt. Er ist erst fünfzig, aber das gilt neuerdings schon als kritisches Alter. Also,

Kreativitätspunkte bekommen Sie für Stuhl, Messer, Vase; DemTect-Punkte nicht. Hier ist die korrekte Liste: Teller, Hund, Lampe, Brief, Apfel, Hose, Tisch, Wiese, Glas, Baum.

Wie spät ist es? Können Sie das ungefähr einschätzen, ohne auf die Uhr zu sehen? Mittwoch? Oder März? Ich sehe ein paar früh blühende Rhododendren im Hof, weiß und hellrosa, dazu leuchtende Forsythien, von denen die Kinder sich Zweige abgeschnitten haben, und einen Jasminstrauch. Wenn ich mich aus dem Küchenfenster beugen würde, könnte ich unten am Fuß dieses Hauses den Fliederbusch sehen, wahrscheinlich bereits mit verblühten Rispen. Wer wohnt hier im Parterre, der die Äste auslichten könnte? Ich beginne, die Leute im eigenen Haus zu vergessen. Ein gutes Zeichen.

Gegenüber steht Frau Jansen im Hausmantel am Geländer ihres Balkons und raucht und betrachtet ihre Tulpen und Narzissen und die Kissen von blauen Vergissmeinnicht. Oben, der Sonne näher, haben Beckers die Markise heruntergekurbelt; die gelben und weißen Streifen blähen sich im lichten Wind. Frau Becker schaut in den Himmel, das Blau ist blass.

Späte Herrschaft

Also, wie spät ist es? Besuchszeit? Haben Sie Lust, jetzt vorbeizukommen? Oder wollen Sie immer noch warten? Es kann nur lustiger werden. Sie wundern sich bitte nicht, wenn ich beim Öffnen der Tür einen Schlafanzug trage. Artus ging mitten am Tag ins Bett. König Lear wollte am Morgen das Abendessen serviert bekommen; sein Narr beschloss, sich mittags zur Nachtruhe zu legen. Der siebzigjährige Papst Alexander Borgia nötigte seinen Koch, gegen vier Uhr morgens gebratene Tauben aufzutragen. »Aber wissen Eure Heiligkeit, wie spät es ist?«

»Gott kennt keine Zeit«, war die Antwort.

Kaiser Franz Joseph ließ jenseits der achtzig bei Tag die Vorhänge zuziehen, »dann ticken die Uhren langsamer«. Ein späterer Kollege, der König von Lummerland, war ebenfalls selten darum bekümmert, was die Stunde geschlagen hatte, noch, wie seine Untertanen hießen, noch, wie er selbst genannt wurde, nur ab und zu wartete er mit seinem Ehrentitel auf: Alfons der Viertelvorzwölfte.

Dieser Herrscher ist das geglückte Porträt eines Kandidaten im DemTect-Test. Gelegentlich ärgert er sich, dass ihm der richtige Name nicht einfällt, doch er richtet sich darin ein. Er ist der typische Absolvent, der unterm Strich eine einstellige Punktzahl erreicht: Er fühlt sich als König, wenngleich sein Land nur die Größe eines Schrebergartens hat. Er dünkt sich als Souverän, obwohl er ohne die Hilfe seiner drei Untertanen schwerlich zurechtkäme. In Wahrheit sind sie die Herrscher. Er verhaspelt sich, er irrt sich, verwechselt, versteht nicht so ganz – und er ist heiter.

Früher, erzählte der Autor Michael Ende, habe er sich Jim am nächsten gefühlt, dann Lukas, mit der Zeit aber Alfons dem Viertelvorzwölften. »Für alle anderen drehen sich noch die Zeiger. Für ihn sind sie stehen geblieben. Er ist der Zeit nicht mehr unterworfen.« Wir, Sie und ich, sind es noch.

»Machen wir jetzt gleich den Uhrentest?«, neckte ich Nicolas Nowack.

»Den machen wir in ein paar Monaten oder ein paar Jahren«, versprach er freundlich und fügte hinzu: »Aber bis dahin darfst du nicht üben!«

Darüber lachten wir; ich etwas weniger echt, denn ich hatte bereits geübt. Und ich tue es auch jetzt gelegentlich: Ich ziehe einen Kreis, zeichne das Ziffernblatt einer Uhr hinein, füge die Zeiger für Minuten und Stunden ein und setze sie auf meine Lieblingszeit: fünf Uhr nachmittags. High Tea.

Wilhelm, der nach Holland geflohene Kaiser, hatte es sich auf Schloss Doorn zur Angewohnheit gemacht, alle Uhren auf verschiedene Zeiten zu stellen – eine ausfüllende Beschäftigung, denn es gab über hundert, die mitsamt Möbeln, Teppichen, Gemälden und Porzellan in neunundfünfzig Güterwaggons ins Exil gereist waren. Hundert Uhren auf verschiedene Zeiten zu stellen, verlangt noch mehr Witz, als sie richtig zu stellen, und auf jeden Fall mehr Einfallsreichtum als die Kunst des Baumsägens, worin es der degradierte Monarch zu einem Rekord gebracht hat: über siebzehntausend gefällte Stämme verzeichnete er bis zu seinem siebzigsten Geburtstag, Büsche und Keimlinge mitgerechnet. Am Ende soll er sogar Eicheln und Bucheckern als Bäume gezählt haben.

Nach dem siebzigsten Geburtstag legte er die Säge zur Seite und begann, die Glückwünsche zu sortieren, angeblich dreißigtausend, für die ihm keine plausible Ordnung einfiel. Der Rat eines Adjutanten, sie nach Herrscherhäusern zu ordnen, über Briefadel, Schwertadel bis zu den prädikatslosen Bürgern und Proletariern, leuchtete ihm nicht ein. Das Alphabet schied nach kurzer Probezeit als unwürdig aus. Wilhelm erfand rätselhafte Ordnungssysteme, so schwer verständlich wie die Gesichtspunkte, nach denen er die Uhren stellte oder nach denen er seine Verkleidungen wechselte. Vierzig Uniformen hatte er mitgebracht. An guten Tagen trug er drei verschiedene, zunächst nacheinander, später auch in eigenwilliger Kombination.

Obwohl an seinem achtzigsten Geburtstag die verbliebenen Lakaien darauf achteten, dass er eine Haltung an den Tag legte, die sie für würdig hielten, setzte er sich mit seinem Wunsch nach einem lustigen Verkleidungsspiel durch. Die Jacken verkehrt herum oder übereinander, eine Reiterhose zum Marinehemd, darüber eine Paradejacke und als Krönung die Nachtmütze, so präsentierte er sich mit kindlicher Freude, schaute in den Sonnenuntergang, stellte seine diamantbesetzte Taschenuhr auf Viertel vor zwölf und wünschte zu frühstücken.

»Wissen Eure Majestät, wie alt Sie sind?«, fragte ein kesses Zimmermädchen.

»Achtzehn«, antwortete er.

»Einundachtzig!«, korrigierte sie.

Er lachte schallend. Sie hatte die Zahlen verdreht.

Ende der Zeit

So, wir verwandeln jetzt Zahlen«, verkündete Nicolas Nowack und hielt mir einen bedruckten Bogen hin. »Wie du in dem Beispiel siehst, kann man die Ziffer ›5‹ auch als Wort ›fünf‹ schreiben und das Wort ›drei‹ auch als Ziffer ›3‹.«

»Das ist ja irre!«, spottete ich.

»Ein Teil der Aufgaben ist so, wie du früher einen Scheck ausgefüllt hast.«

»Ich habe immer blanko unterschrieben«, scherzte ich, »Claudia hat dann die Zahlen eingesetzt.«

»Okay, dann ist das jetzt eine Premiere«, stellte er ungerührt fest. »Ich bitte dich, die Ziffern in Worte und die Worte in Ziffern zu schreiben.«

Ich verwandelte ›209‹ in ›zweihundertneun‹ und ›4054‹ in ›viertausendvierundfünfzig‹, dann ›sechshunderteinundachtzig‹ in ›681‹ und ›zweitausendsiebenundzwanzig‹ in ›2027‹. Zumindest kam es mir so vor. Jetzt, in diesem Augenblick, da ich die Zahlen auf dem Bildschirm vor mir sehe, unterscheiden sie sich doch sonderbar von jenen, die ich handschriftlich auf dem Testbogen hinterließ. Betrachtete Nicolas sie deshalb so eingehend, als müsste er sie entziffern?

»Stimmt etwas nicht?«, fragte ich verwundert.

»Doch, doch«, murmelte er finster und notierte etwas.

Mir fiel kein Korrekturbedarf auf. Jetzt, rückblickend, scheint es mir, als hätte ich ›2hundert9‹ hingeschrieben und ›60081‹ und nur ›viertausend‹ statt ›viertausendvierundfünfzig‹. Im Leben kommt es auch nicht darauf an, aber bei der Punktevergabe spielt es eine Rolle. Bitte merken Sie sich die richtige Schreibweise; auch Sie werden getestet werden.

Legendär geworden ist der Fall des Gentleman in Wimbledon, der beim Tennis Open die Anzeigetafel bediente und im Halbfinale – das Jahr müsste ich nachschlagen, es war noch zu Connors' Zeiten – die Ziffern verdrehte. Deshalb stand es plötzlich 40:51, und etwas später produzierte der Mann eine 03:04. Beim ersten Mal wurde gelacht, auch auf dem Spielfeld, beim zweiten Mal entstand Unruhe auf der Tribüne. Ein englischer Reporter suchte den Mann drei Wochen nach seiner Beurlaubung auf und stellte fest, dass ihn der Irrtum nicht weiter beschäftigte. Er erinnerte sich schon nicht mehr daran.

»Und was machen wir jetzt?«, fragte ich gespannt wie ein Kind beim Spielenachmittag. »Den Uhrentest?«

Nicolas schrieb sich etwas auf. »Kaufst du gelegentlich im Supermarkt ein?«, erkundigte er sich dann.

»Oh Gott!« Ich stöhnte und lachte. »Willst du etwa wissen, was es da so an Waren gibt?«

»Nur, wenn dir welche einfallen. Du hast eine Minute Zeit.«

Kein Problem. »Brot, Butter, Käse«, schnurrte ich herunter, »Joghurt, Dinkelflocken.« Nun musste ich überlegen.

»Dinkelflocken?«

»Ja, für Müsli«, dozierte ich.

»Okay, noch etwas? Es bleiben vierzig Sekunden.«

»Danke. Käse!«

»Hattest du schon.«

»Verschiedene Sorten Käse«, betonte ich.

»Ist notiert.« Er schrieb aber gar nichts.

»Marmelade, Brot, Butter«, memorierte ich. »Käse, Schinken, Wurst.«

»Schön. Noch was?«

»Brot und Butter hatte ich schon?«

»Ja, Käse und Joghurt ebenfalls. Und Dinkelflocken.«

»Rosinen«, fiel mir ein. »Mandeln. Für Müsli.«

»Danke. Und Stopp. Eine Minute ist um.« Er zählte. »Elf Begriffe.«

»Immerhin!«, sagte ich stolz. Meinem Vater waren nur drei eingefallen. Allerdings war er zum Zeitpunkt des Tests auch um einiges älter gewesen. »Hast du die verschiedenen Sorten Käse etwa als einen Begriff gezählt?«

»Natürlich, als wie viele sollte ich sie denn zählen?«

»Na ja, es gibt Gouda, es gibt Edamer, Holländer, Schweizer und, ja, hmm, Tilsiter, und natürlich Camembert, und wie heißt dieser andere, in der Torte? Brie!«

»Die Zeit ist abgelaufen, leider, Dietmar.«

»Ich wollte es nur mal sagen.«

Die Zeit ist abgelaufen! Das stimmt nicht, aber es klingt wunderbar – wenn es denn endlich zutrifft. Sobald die Zeit abgelaufen ist, muss der stille Raum beginnen, in dem sie keine Rolle mehr spielt. Und vielleicht gibt es dann nicht einmal mehr Raum, nur noch Stille. Die Zeit setzt keine Begrenzungen mehr. Allerdings vermittelt sie auch nicht länger den Schein der Orientierung.

Mein Vater liebte Zeitmessungen. Er besaß mehrere Chronometer und Stoppuhren und hatte zuletzt immerhin noch vier Uhren in seinem zwanzig Quadratmeter großen Zimmer. Einen herkömmlichen Wecker am Bett, eine digitale Funkuhr auf dem Tisch, eine ererbte Wanduhr mit schnörkeligem Ziffernblatt und überm Fernseher eine Kinderuhr mit großen Zeigern und Bildern von Tieren und ihren digitalisierten Stimmen. Sie war die letzte, die er ablesen konnte. Um eins summte die Biene, um zwei gackerte die Ente, um vier quakte der Frosch, um sechs krähte der Hahn. Zu jeder vollen Stunde gab ein Tier Laut. Es ist eine Uhr, mit der Kinder lernen sollen.

Ich kam meist gegen halb elf, erlebte die Ziege mit und ging bald nach dem Schwein um zwölf. Besonders dessen Grunzen irritierte ihn. Mein Vater starrte auf die Uhr, und von einem bestimmten Tag an konnte ich an seinem Blick erkennen, dass er das Rätsel nicht lösen konnte. Tatsächlich hätte dieses raue Grunzen auch aus dem Nebenzimmer kommen können, von dem geselligen greisen Kapitän dort.

»Das Schwein«, erläuterte ich. »Wie immer um zwölf Uhr.«

Die Zahlen standen etwas zu klein auf dem Ziffernblatt, aber die Stellung der Zeiger hatte ihm ein paar Wochen zuvor noch genügt. Jetzt wollte er wissen: »Ist das mitteleuropäische Zeit?«

Er hatte mit meiner Mutter Reisen durch verschiedene Zeitzonen gemacht und schließlich sogar auf einem Schiff die Datumsgrenze überquert. Als einer der wenigen war er in der Lage gewesen, diese Grenze einigermaßen plausibel zu erklären. Jetzt schüttelte er den Kopf beim Betrachten einer herkömmlichen Uhr. Der Sekundenzeiger lief weiter, der Minutenzeiger rückte vor, aber die Zeit war außer Kraft gesetzt. »Das kann eigentlich nicht sein«, sagte er.

Ein paar Tage später hängte ich die Tieruhr ab und entfernte auch ihre leiseren Mitstreiter. Was sie anzeigten, bedeutete ihm nichts mehr. Er benötigte keine Zeit. Mir fällt das ein, sooft ich jetzt das Fernglas hebe und gegenüber in der Küche von Pia Faller die Wanduhr sehe. Es scheint einer dieser Scherzartikel zu sein, bei dem die Zeiger sich links herum bewegen, gegen den Uhrzeigersinn. Aber Pia geht pünktlich zur Schicht.

Grenzwerte

Also, den Uhrentest machen wir diesmal nicht?«, fragte ich Nicolas Nowack. Meine Frau war längst aus dem Zimmer gegangen, wohl um mir das Gefühl zu ersparen, ich machte eine Prüfung vor Publikum.

»Jetzt drehen wir nur noch Zahlen um, dann sind wir fertig.«

Mir kam das bekannt vor: »Du sagst die Zahl, und ich drehe sie um?«

»Genau. Ich sage 5-3, dann sagst du: 3-5.«

»Alles klar.«

Bei den zweistelligen Zahlen, 7-2 und 8-6, ging es mühelos. Die dreistelligen ließen sich ebenfalls lässig umdrehen: aus 4-7-9 wird 9-7-4, aus 3-1-5 wird 5-1-3. Dann wurde es schwieriger. Er hatte einen Spickzettel. Ich nicht. Bei 5-4-9-6 fehlt die Mitte als Orientierungspunkt, man kann sich die erste und die letzte Ziffer merken, dazwischen kommt Nebel auf. 1-9-7-4 ging noch mit Mühe wegen der Jahreszahl. Aber mit den fünfstelligen Zahlen endete die Umkehrkunst endgültig: 2-7-5-3-6, nein, und 1-3-5-4-8, ebenfalls nein. Ich schreibe das hier genau auf, damit Sie sich vorbereiten können. Es sind die Originalzahlen aus dem Test. Üben Sie schon mal. Ich konnte an jenem Märzabend nur Bruchstücke wiedergeben.

»Das ist in Ordnung«, meinte er, »die sechsstelligen brauchen wir dann nicht mehr zu versuchen.«

»Würdest du das denn schaffen?«, zweifelte ich.

»Ich probiere es lieber nicht aus«, gab er zu.

Wir waren ans Ende gelangt. »Jetzt nur noch der Abschluss-Check«, sagte er und freute sich: »Welche Worte sind dir noch in Erinnerung?«

»Welche Worte?«

»Ich hatte am Anfang eine Liste vorgelesen«, erklärte er freundlich.

»Ach ja, richtig!«

»Und erinnerst du dich daran?«

»Apfel und Hund, oder?«, fiel mir ein. »Und Tisch!«

»Okay. Noch was? Lass dir Zeit.«

Wenn ein Quizmaster sagt: »Lassen Sie sich Zeit«, setzt beim Kandidaten das innere Bildrauschen ein. Bei mir war es so. »Messer, Gabel, Schere, Licht«, scherzte ich, um so etwas wie ungetrübte Schlagfertigkeit zu beweisen.

»Sonst nichts?«, fragte er bekümmert.

»Aber Messer war doch dabei?«

»Nicht in dieser Liste.« Er schien konsterniert.

»Aber mir kommt es so vor, als hättest du es vorgelesen, Messer!«

»Das ist sehr unwahrscheinlich, Dietmar!«

Ich rief meine Frau herbei, sie sollte Zeugin sein. »Diese Wortliste von vorhin, mit Apfel und Hund und Tisch, da war doch auch Messer dabei, oder?«

Sie schüttelte bedauernd den Kopf. »Messer nicht.«

»Ja, und fällt dir noch was ein? Mir nicht.«

»Teller, Hund, Lampe, Brief, Apfel, Hose, Tisch, Wiese, Glas, Baum«, ratterte sie herunter.

»Okay, als Ehepaar kommt ihr durch«, seufzte Nicolas.

»Und ich allein?«

»Ja, doch, auch«, nickte er. »Leichte kognitive Beeinträchtigung.«

»Klingt okay.«

»Mit Hang zur Grenzwertigkeit.«

Der Ausdruck gefiel mir. Der alte Kant hätte den Test nicht bestanden, Carl Friedrich von Weizsäcker nicht mehr, Walter Jens ohnehin nicht. Meine liebenswerten Freunde aus dem Club der Zerstreuten wären bereits in der Blüte ihrer Jugend gescheitert. Pu der Bär, sein Artgenosse Balou, Heidis Alpöhi, Pettersson von Findus, Schulleiter Dumbledore, Dornröschen, Dory aus Nemos Meer – alle diese liebenswerten Club-Mitglieder wären glatt durchgefallen.

Hätten ihre Verwandten Pflegestufe 1 in Anspruch genommen und wenigstens daran verdient? Ich hoffe es. Wozu sonst die Umstände mit Punktevergabe und Zwischensummen nebst Umrechnungstabellen unter Berücksichtigung des Alters? In meinem Fall führte das Endergebnis zu einer wegweisenden beruflichen Empfehlung.

»Arbeitest du zurzeit an irgendwelchen Projekten?«, wollte Nicolas wissen, während er die Unterlagen in seine schwarze Ledertasche packte.

»Gehört das noch zum Test?«, fragte ich müde.

»Nein, das ist echtes Interesse.«

»Ich arbeite immer an irgendwelchen Projekten«, erklärte ich verschwommen.

»Welcher Art?«, erkundigte er sich.

»Ich schreibe lustige Bücher.«

Meine Frau wollte sich zu näheren Erläuterungen aufraffen. Ihm reichte das schon. »Das ist gut, dann kommt es nicht so darauf an.«

»Was soll das denn heißen?«

»Ich würde dir nur nicht raten, jetzt noch einen Krimi anzufangen.«

»Meinst du, ich käme nicht mehr bis ans Ende?«

»An irgendein Ende schon. Aber du wüsstest nach kurzer Zeit nicht mehr, wer der Mörder ist.«

Kriminalisten

Das hörte sich spannend an. Noch am selben Abend skizzierte ich einen durchtriebenen Plot aus dem Geiste der Grenzwertigkeit. »Die Memory-Morde«. Natürlich ist mir der Fall von Georges Simenon bekannt und derjenige von Chester Gould. Bei einem Krimi müssen dem Autor die Strategien der einzelnen Figuren weit im Voraus klar sein, ähnlich wie dem Spieler beim Schach. Aber selbst im Schach dürfen die Figuren bisweilen unvorhergesehene Wege gehen.

Lange war niemandem klar, warum der ehemalige Großmeister Bobby Fisher mit den Jahren immer eigenwilliger spielte, auf dem Brett wie im Leben, bis seine Züge dermaßen originell wurden, dass er schließlich bekannt geben musste, traditionelles Schach interessiere ihn nicht mehr; sein Schach, das neue Schach, laufe anders. Nach welchen Regeln, das wechselte dann von Spiel zu Spiel und zeitweilig von Zug zu Zug. Am Elbuferweg, wo Sie und ich uns zum Spiel treffen, geht das schon längere Zeit so. Und was könnte spannender sein?

Chester Gould war der Erfinder des raubeinigen Kriminalisten Dick Tracy. Er führte und begleitete ihn fünfundvierzig Jahre lang durch die windigen Straßenschluchten Chicagos. Chester zeichnete Dick, seine Freunde und Feinde und ersann die düsteren Geschichten. Ähnlich wie Carl Barks den Dagobert Duck erfand, dazu noch die Panzerknacker, Gustav Gans und Daniel Düsentrieb. Lediglich Donald und die Drillinge gab es schon, als Carl anfing. Er zeichnete die Entenhausener Einwohner so lange und entwickelte eine derartige Hingabe, dass er jenseits der Pensionierung davon überzeugt war, selbst ein Einwohner von Duckburg zu sein, und am Ende dazu überging, in Entensprache zu reden, mit perfekt verstellter Stimme. Im Heim meines Vaters gab es auch so einen seligen Donaldisten.

Bei Chester Gould fiel zuerst den Lesern und dann auch den Herausgebern der *Chicago Tribune* auf, und zwar Mitte der Siebzigerjahre, dass Dick seine Fälle auf immer verblüffendere Weise löste. Von Schlüssigkeit konnte bald keine Rede mehr sein. Auf den letzten Metern eines Falles tauchten Indizien und Figuren auf, von denen vorher nichts zu sehen oder zu hören gewesen war, die jetzt aber entscheidend für die Lösung wurden. Schließlich kam sogar die Lösung selbst abhanden. Dick enträtselte am Ende einen ganz anderen Fall als denjenigen, mit dem die Geschichte begonnen hatte. Der Anfang war ihm und seinem Autor längst entglitten. Die Ursache der nächtlichen Verfolgung durch schlecht beleuchtete Viertel war ihm selbst nicht mehr klar – ähnlich, wie meine Mutter nach hundert Metern nächtlicher Wanderung nicht mehr wusste, dass sie gerade nach Stettin aufgebrochen war, um ihre Eltern zu besuchen. Man konnte sie freundlich an der Hand nehmen und nach Hause führen.

Ich freue mich darauf, dass wir bald eine Menge solcher wunderlicher Krimis lesen werden, und mit etwas Glück kann ich dazu beitragen. Möchten Sie mitmachen? Wir wechseln uns ab von Kapitel zu Kapitel? Immer ein Memory-Kärtchen als Motto? Dann wird es noch bunter, zur Freude der Leser. Denn die Lesegewohnheiten ändern sich bereits. Wie die Autoren, so die Leser: Es wird sie bald nicht mehr stören, dass sie mit jedem Kapitel in eine andere Handlung eintauchen, samt anderen Personen; das verworrene Kapitel vom Vorabend haben sie dann ohnehin schon vergessen.

Schade, dass Georges Simenon selbst Anstoß daran nahm, dass ihm die logische Konstruktion von Plots nicht mehr gelang. Nebulöse und unverständliche Plots durchgehen zu lassen, entsprach nicht seinem Selbstbild. Mit siebzig Jahren reagierte er empfindlich auf leiseste Hinweise seines Verlegers. Er zog sich vom Schreiben zurück und begann zu lesen. Rund vierhundert Romane hatte er geschrieben. Nun reichte man ihm die ersten, die er unter Pseudonym verfasst hatte. Sie kamen ihm gänzlich unbekannt vor. Kognitive Leistung grenzwertig, Test bestanden. Als er bei späterer Lektüre auch seinen berühmtesten Kommissar nicht mehr als eigene Schöpfung erkannte – ich komme jetzt gerade nicht auf den Namen –, begann eine herrliche Lesereise in eine Welt von Kriminalromanen, die sich ohnehin weniger durch Logik als durch Milieu und Atmosphäre auszeichnen. Bis heute gelten sie als unübertrefflich geeignet für die Bibliotheken von Seniorenresidenzen.

Allein zu Haus

Was mich betrifft, ich erkenne meine Bücher noch wieder, sogar diejenigen, bei denen ich einen anderen Autorennamen vorzog. Wenn Sie mich testen wollen, und dazu sind Sie jederzeit willkommen, sollten wir uns etwas anderes ausdenken. Puzzles zum Beispiel oder den Gewürztest.

Haben Sie Lust? Wir bleiben ungestört, wir können sogar durchs Fernglas sehen. Meine Frau ist verreist. Glaube ich jedenfalls. Ich weiß nicht, wie lange. Aber das war die letzte Frage, die ich noch vernahm, als sie den neurologischen Freund und Experten an der Tür verabschiedete: »Kann ich ihn denn noch allein lassen?« Ich hatte mich unter meine Kopfhörer zurückgezogen, doch die Musik spielte noch nicht.

»Fragt sich, für wie lange«, antwortete Nicolas.

»Ich wollte vierzehn Tage zu meiner Schwester nach Freiburg«, gestand meine Frau. »In Freiburg ist jetzt schon Sommer.«

»Vierzehn Tage«, wiederholte Nicolas nachdenklich.

»Ich würde natürlich täglich anrufen, und unsere Putzfrau würde nach dem Rechten sehen«, behauptete meine Frau.

»Du hattest mal eine Diakonieschwester erwähnt«, deutete Nicolas an.

»Ja, die wohnt hier, aber die müsste ich trotzdem extra bezahlen«, wiegelte meine Frau ab. »Die Putzfrau reicht doch erst mal.«

»Man muss es einfach ausprobieren«, bestätigte Nowack mit einer Festigkeit, die seine Zweifel kaum übertönte. »Du musst lediglich darauf gefasst sein, dass bei deiner Rückkehr ein paar Töpfe schwarz geworden sind und dass bei den Mietern unter euch der Putz von der Zimmerdecke rieselt. Aber am wichtigsten ist es, dass du mal rauskommst.«

Dass sie mal rauskommt! Als müsste sie Hafturlaub beantragen! Aber gut. Sie ist fort. Wir können ja auch mal rauskommen, Sie und ich. Zum Beispiel wegen des Riechtests. Wir würden einfach die Treppe hinuntersteigen – ich glaube, drei Stockwerke – und vors Haus gehen, um am Fliederbusch zu schnuppern. Das wäre schon der Test. Riechen Sie etwas? Lieblich, süß, darunter ein bitterer Hauch? Allerdings ist eben ein kurzer Aprilschauer niedergegangen. Der Himmel ist schon wieder blank. Auf der Fensterscheibe sitzen die hellen Tröpfchen, jedes spiegelt kopfüber den Hof mit den Spielgeräten, der Sandkiste, den Hecken und Birken und das Haus gegenüber und, im Tropfen ganz unten, das Himmelsblau.

Also bleiben wir zunächst hier. Der Regen hat den Duft aus den Blüten gewaschen und die Kelche mit Wasser gefüllt. Versuchen wir es erst mal mit dem Gewürzbord in der Küche. Nelken und Vanille gibt es da, Minze haben wir auf dem Fensterbrett als Topfpflanze. Ein paar Zitronen liegen in der Obstschale. Ananas gehört ebenfalls zum Test, aber die habe ich nicht, und für Erdbeeren hat die Saison noch nicht begonnen, allenfalls für spanische, und die duften ohnehin nicht. Auf den Duft jedoch kommt es an. Leder wird noch dazugezählt. Das sind die akademisch abgesegneten Aromen, an denen die Meister des Vergessens früh zu erkennen sind.

Mit meiner Mutter spazierte ich bei gutem Wetter in einen kleinen Park in der Nähe ihres Heims, der aus dem Gelände einer aufgelassenen Gärtnerei entstanden war. Von März bis Oktober blühte es dort in den Rondeels und Rabatten, von den Schneeglöckchen und Krokussen des schmelzenden Winters über die Narzissen und Tulpen des Frühjahrs, die sommerlichen Clematis und Malven und Rosen bis zu Lavendel, Dahlien und Salbei. An warmen Tagen schienen die Düfte auf den schmalen, gewundenen Wegen das Atmen schwer zu machen. Nur nicht für meine Mutter. Sie freute sich an den Farben und streifte heiter durch die Blumen, auf deren Namen sie nicht kam. Zuweilen trat sie neugierig auf ein Beet und schnupperte, aber keine Blume duftete für sie, keine Rose, keine Levkoje, keine Nachtviole, kein Goldlack, kein Flieder.

Dann las ich, das sei ein Indikator. An der Columbia University werde bereits eine Kombination aus den zehn diagnostisch bestgeeigneten Düften gemischt, zur Erkennung im frühen Stadium. Wer Flieder nicht mehr erschnuppern kann, hat selbst noch nicht bemerkt, dass das Vergessen begonnen hat; auch anderen ist es noch nicht aufgefallen. Der Neurologe, der ein Tröpfchen ätherisches Öl auf einen Wattebausch gibt und es seinem Kandidaten unter die Nase hält, sagt schlau und harmlos: »Das ist geruchsfrei. Oder riechen Sie etwas?«

»Nein, da rieche ich nichts.«

»Danke.«

Es ist wahr, dass ich den Duft von Zitronen schon seit geraumer Zeit nicht mehr deutlich wahrnehme. Aber das liegt an den neuen Züchtungen. Das Duft-Gen ist entfernt worden, damit die Fruchtfliegen nicht landen. Da bin ich entschuldigt. Die Gewürznelken in unserer Küche haben das Haltbarkeitsdatum längst überschritten, sonst wären sie ebenfalls ausdrucksvoller. Wir haben Leder im Haus, in Form von Gürteln und Schuhen und eines flusenfreien Wischlappens, doch all das ist alt. Es gibt in dieser Wohnung für das Vorstadium nicht viel zu erschnuppern. Oder irre ich mich?

Riechtest

Kommen Sie, vielleicht haben Sie mehr Glück. Womöglich wittern Sie ausströmendes Erdgas? Auch dessen Aroma gehört zu den Frühindikatoren. Zitrone, Erdbeeren, Rauch, Seife, Minze, Gewürznelken, Ananas, Flieder, Erdgas und Leder. Lassen wir das Erdgas beiseite. Pflanzliche und tierische Düfte sind Lockmittel. Blüten wollen Insekten anlocken, das sind ihre Liebesgefährten, Tiere locken ihresgleichen. Pheromone strömen aus dem Leder, aus der Haut, aus dem Schweiß und schweben in den Levkojendüften. Das vomeronasale Organ leitet ihre Reize ans limbische System und lässt die Zellen jubeln.

Oder auch nicht. Darüber würde ich gern unter vier Augen mit Ihnen sprechen. Es ist eine Art pheromonaler Ruhe eingekehrt, die ich mir früher oft gewünscht habe. Nun bin ich nicht sicher, ob ich mich freuen soll. Sogar die Dachwohnung gegenüber betrachte ich aus rein erzählerischem Interesse, selbst wenn Pia Faller sich an einem dieser warmen Aprilabende bei offenem Fenster umzieht. Haben Sie ähnliche Erfahrungen? Oder nehmen Sie Pheromone noch wahr und reagieren darauf?

Treten Sie mutig zum Test an. Falls Sie geschmolzenes Plastik riechen, habe ich wieder den Wasserkocher auf den E-Herd gestellt und die Platte hochgedreht. Falls es hingegen geräuchert riecht, dürfen Sie sich auf krosse Sencha-Blätter freuen. Haben Sie bereits beim Heraufkommen im

Treppenhaus die Nase gerümpft? Lassen Sie es mich gern wissen. Ich bin einfach früher dran als andere. Die sogenannte Queen Mum hatte das biblische Alter längst überschritten, als sie begann, Darjeeling auf dem Herd zu rösten und kochendes Wasser in einer Kanne auf nichts aufzugießen. Ihre Haushälterin durfte bei der heiligen Teezeremonie niemals stören. Also bekamen die Gäste gesiebtes heißes Wasser und als Beilage verkohlte Teeblätter. Man nippte, schlürfte kennerisch und lobte das köstliche Gedeck.

Werden Sie das auch tun? Mich loben? Zur Schonung oder aus Vorsicht? Sie erinnern sich an den betagten Fürsten aus Andersens Märchen vom Kaiser und den neuen Kleidern. Der Kaiser wurde ebenfalls, wie Queen Mum oder Sarah Bernhardt, ausgiebig für seinen erlesenen Geschmack gelobt und mit Beifall bedacht. Schade, dass man ihn ausnutzte. Doch das geschieht närrischen Leuten. Meist stört es sie nicht. Die greise Sarah Bernhardt bewirtete ihre Gäste mit ungekochtem Gemüse und mit Hähnchenschenkeln, die sie nicht gegrillt, sondern mit dem Hammer zerschlagen hatte. Als sich das herumsprach, klingelten bei ihr Verkäufer von Mond-Grundstücken und Garanten für ein Leben im Paradies, beides per Vorauszahlung zu erwerben. Sie zahlte begeistert. Mein Vater unterschrieb selbst ernannten Dachdeckern einen Vertrag. Sie reinigten an einem Nachmittag das Dach seines Hauses von Moos, für schlichte siebentausend Euro. »Lassen Sie ihn«, beruhigte mich die Pflegerin von der Diakonie. »Er ist stolz, eine Entscheidung getroffen zu haben.«

Mal sehen, welche wohltuenden Entscheidungen ich treffe, während meine Frau abwesend ist. Kommen Sie herein. Mir können Sie kaum noch etwas verkaufen. Ein Grundstück auf dem Mond besitzen wir schon, und das Leben im Paradies beginne ich gerade. Aber wir können später auf Shoppingtour gehen, es wird Spaß machen. Erst mal jedoch bekommen Sie das, was Sie gerade riechen – es sei denn, Sie haben sicherheitshalber selbst etwas mitgebracht.

Treten Sie ein

Warum bleiben Sie in der Tür stehen? Weil Sie schon nicht mehr damit gerechnet haben, dass ich öffne, obwohl Sie mich die ganze Zeit gehört haben? Ja, es kommt vor, dass ich vor mich hin murmele. Und wenn ich dabei besonders konzentriert bin, überhöre ich das Klingeln. Das ist nicht ungewöhnlich bei fantasiebegabten Leuten. Der Philosoph Bertrand Russell redete jenseits seines siebzigsten Geburtstags fast ständig vor sich hin. Besucher fühlten sich übersehen und missachtet, wurden aber Zeuge denkerischer Prozesse. Das Denken brauche den begleitenden tönenden Laut, erklärte der Alte. Als beim munter plaudernden Henri Matisse ein ungeduldiger Schüler ungebeten eintrat, wurde er Zeuge, wie der Meister mit seinem Pinsel sprach, ernsthaft und eindringlich: Er ermahnte den Widerborstigen zu Gehorsam und Disziplin.

Schriftsteller murmeln häufig beim Schreiben vor sich hin. Gerhart Hauptmann tat es in einer Lautstärke, die Nachbarn zum Umzug veranlasste. Lyrikern wurde es vom Großmeister Rilke ausdrücklich empfohlen. Aber ich bin kein Lyriker, und Sie haben mich auch nicht beim Schreiben überrascht. Ich bin einfach schwatzend durch die Wohnung gegangen. Es kommt vor, dass ich mit meinem Spiegelbild rede, meist aufbauend und positiv. Zuweilen spreche ich auch ein Paar Schuhe an oder das Klavier oder den Staubsauger oder den Garderobenständer. Nicht, weil ich sie mit leibhaftigen Personen verwechsele, sondern weil sie mir leidtun, wenn sie unbeachtet herumstehen oder ungelobt ihre Arbeit tun. Paul Hindemith behauptete, seine Bratsche klinge beleidigt, wenn er sich nicht täglich wenigstens fünf Minuten mit ihr unterhalte. Ich zweifle nicht daran. Kindern ist dieser freundschaftliche Umgang geläufig und selbstverständlich. Sie reden mit ihren Spielsachen und mit unsichtbaren Anwesenden, bis es ihnen oder ihren Eltern peinlich wird. Siebzig oder achtzig Jahre später nehmen sie das Gespräch wieder auf. Dann sind sie alt, und man nennt sie kindisch.

Bitte treten Sie ein. Oder zögern Sie, weil die Rauchschwaden in der Wohnung zu dicht sind? Wohl kaum. Jedes Mal, wenn es klingelt, reiße ich schleunigst die Fenster auf. Das ist ein bedingter Reflex geworden. Nein, ich glaube, Sie zögern, weil ich anders aussehe als auf dem Foto im Buch oder auf der Website. Jünger natürlich nicht. Aber sonderbarerweise auch nicht nur älter. Vielmehr sehe ich anders aus, eigenartig anders, auf eine Art, die Sie beunruhigt. Ist es der Gesichtsausdruck, der Sie irritiert? Ja, mein Blick ist mehr nach innen gekehrt. Sie sind nicht sicher, ob ich Sie wahrnehme. Doch, tue ich. Nur vielleicht nicht auf die Art, die Ihnen lieb wäre.

Während Sie an mir heruntersehen, bemerke allmählich auch ich, dass ich zwei verschiedene Schuhe trage. Warum nicht? Das belebt die müden Füße. Leider sind die beiden Hosenbeine gleich. Die Mode, wie sie noch an den Bildern von Till Eulenspiegel abzulesen ist, derzufolge Gecken, Schelme, Possenreißer stets Hosen mit unterschiedlich gemusterten

Beinkleidern trugen, ist mit dem feudalen Zeitalter untergegangen: links grün, rechts rot, oder links gelb-weiß gestreift und rechts blau gepunktet, links goldene Kringel und rechts schwarze Ranken. Die Mode wird wiederkommen. Es ist so weit.

Steht der Reißverschluss offen? Unwahrscheinlich. Wenn es geklingelt hat, öffne ich nicht nur die Fenster, sondern ziehe auch den Reißverschluss zu. Darauf ist Verlass. Sie wundern sich darüber, dass ich zwei Hosen trage? Eine Cordhose und darüber eine Jogginghose? Oder erstaunen Sie die beiden Polohemden übereinander oder die Kombination von Pullover und Pullunder? Solche Narreteien müssen erlaubt sein. Anaïs Nin bekleidete sich in ihren wunderlichen Jahren mit Herrenanzügen und streifte ein bis zwei Nachthemden darüber. Lana Turner trug Masken, wenn Besuch kam, Karnevalsmasken und Gurkenmasken, zuweilen beides übereinander, falls die Karnevalsmaske einer Auffrischung bedurfte. Die exilierte Kaiserin Zita verwechselte mit den Jahren Kosmetiktöpfe und Tuschkasten und hielt ihre Krone für knuspriges Zuckergebäck.

Legen Sie ab

All das mag grenzwertig sein, aber Sie sind ja noch knapp auf der verlässlichen Seite der Grenze, jenseits des Zaunes. Sie preisen sich glücklich dafür. In Wahrheit machen Sie sich Sorgen. Die Glücklichen haben die Sorgen hinter sich. Sie sind diesseits, im Narrenland. Keine Furcht, ich werde Sie nicht herüberziehen, es sei denn, Sie wünschen so etwas ausdrücklich. Seien Sie zunächst mal froh, dass ich überhaupt angekleidet bin. Winston Churchill – wie nach ihm Harold Wilson und Margaret Thatcher – beließ es bei der kontemplativen Betrachtung von Kleidungsstücken, in jenen Jahren, in denen man ihn nur noch von fern am Fenster fotografieren durfte.

Ich ziehe mich morgens an, häufig jedenfalls. Churchill hingegen, dem königlichen Ritter und Ehrenmitglied im Club der Zerstreuten, genügte die bloße Betrachtung von Oberhemden und Bindern und Socken und Hosenträgern. Er genoss den Anblick, wunderte sich darüber und erwog, ob er die Sachen überhaupt anziehen sollte und in welcher Reihenfolge. Wenn ich Sie richtig einschätze, fragen Sie sich das auch schon gelegentlich. Zuerst das Hemd und dann die Weste? Doch wohl eher umgekehrt! Und wann wird ein Hemd zugeknöpft? Bevor man es anzieht oder später oder währenddessen? Gehört die Knopfleiste nach hinten? Welches Hosenbein nach rechts, welches nach links?

Schuhe mit Schnürsenkeln hatte man bei Sir Winston beizeiten durch einfache Slipper ersetzt. Ich bin auch dazu übergegangen. Doch dieser Kniff löste nicht die entscheidende Frage: Zieht man zuerst die Schuhe an und darüber die Socken? Und wenn ja, wird die Socke zuerst über die Schuhspitze und dann über den Fersenabsatz gestreift oder andersherum? Noch grundsätzlicher: Geht es überhaupt um das Anziehen oder um das Ausziehen? Wobei waren wir gerade?

Nirgends. In der Zeitlosigkeit. Der hochdekorierte Veteran, Kriegspremier und Nobelpreisträger widmete sich mit liebender Hingabe den perlmuttenen Knöpfen seines Hemdes und verlor sich glücklich in ihrer Untersuchung wie ein seine Zehen erkundender Säugling. Irgendetwas muss da zu entdecken gewesen sein im schimmernden Muschelkalk, etwas, das wichtiger war als das Ankleiden. Etwas, das Räume öffnete oder in Kindheitslandschaften führte und das tiefer und weitläufiger war als die Ermahnungen der Haushälterin.

Ich hoffe, Sie können ermessen, wie gut ich angezogen bin! Meine Hemden sind gebügelt, zwar nicht von mir, aber immerhin knülle ich sie nicht zu spektakulären Gebirgsformationen wie der greise Edmund Hillary. Ich rolle sie auch nicht zu verknoteten Würsten wie George Balanchine und wickele sie nicht fest um den Bügel wie die betagte Gina Lollobrigida. All das sind Spiele, Kinderspiele, kindische Spiele, abenteuerlich und beglückend, aber so befreit bin ich noch nicht. Ich fühle mich immer noch genötigt, Hemden anzuziehen, wenn auch zuweilen mehrere übereinander.

Und da wir jetzt unter uns sind: Wie sehen Sie überhaupt aus? Mir ist es einerlei, aber haben Ihre Angehörigen Sie so aus dem Haus gelassen? Glückwunsch! Freuen Sie sich über so viel wohlwollende Gleichgültigkeit. Und mir können Sie es verraten: Stimmt es, dass Sie Ihre Socken unterm Kopfkissen aufbewahren, auch gern die älteren? Und dass nicht mal Geld drin ist? Dass man Ihre Schuhe gelegentlich in den Schreibtischschubladen finden kann, wie diejenigen des alten Richard Strauss? Ihre fand man neulich sogar im Brotkasten?

Was, das stimmt nicht? Seien Sie trotzdem willkommen. Als Eintrittsausweis nennen Sie mir noch einmal rasch, und ohne zurückzublättern, die Liste. Welche Liste? Nun, die unsterbliche Reihe von zehn Begriffen. Na, wie war die doch gleich? Flieder, Rhabarber, Vanille? Nein, nein, das ist erstens falsch, und zweitens meine ich die erste Liste, vom Anfang des Kapitels, die aus dem DemTect-Test, diejenige mit Tisch, Hund, Baum. Ach so? Ja, genau. Erreicht da noch irgendetwas Ihr Sprachzentrum, ein kleiner Funkspruch aus den plaquebesetzten Synapsen Ihrer Großhirnrinde? Eher nicht? Doch! Messer, Gabel, Schere, Licht? Gut, sehr gut. Das lasse ich gelten. Kommen Sie also herein. Es freut mich, dass wir unter uns sind. Legen Sie ab. Gleich hier. Das ist der Garderobenständer, mit dem ich gerade sprach, als Sie klingelten.

Wie spät ist es?

Wie spät ist es eigentlich? Wissen Sie es? Ja, richtig, da hängt eine Uhr, gleich hier im Flur, gut gesehen. Aber ich traue ihr nicht. Deshalb möchte ich es gern von Ihnen wissen. Tun Sie mir den Gefallen, und vergleichen Sie den Zeigerstand bitte mit Ihrer Armbanduhr. Was denn, die zeigt dieselbe Zeit an? Tatsächlich? Na, wunderbar! Und welche? Dieselbe eben. Aha. Dann lassen wir das. Ist es eine Zeit, in der Ihnen ein Tee willkommen ist? Folgen Sie mir in die Küche.

Sie kennen die Geschichte des Glöckners von Notre-Dame? Nicht die des Buckligen, der wurde nicht alt genug, sondern die seines späten Nachfahren in den Jahren der Revolution? Victor Hugo, der Experte für das Thema, hatte für seinen Roman die dokumentarischen Berichte von neun Glöcknern auf der Île de la Cité studiert und nahm am Ende zwei in die engere Wahl. Mit Gespür für den Erfolg entschied er sich für den romantischen Vertreter, den tragisch verliebten Frauenbeschützer. Lange jedoch hatte er den komischen Kollegen favorisiert: den Glöckner, der zur falschen Zeit läutete.

Dieser Held hatte zu den wenigen Amtsinhabern gehört, die in Paris ihre Stellung behielten, während die Revolutionäre alle wichtigen Posten und auch die Kirchen besetzten. Der Mann im Turm von Notre-Dame war zu alt und zu unbedeutend. Seine Bedeutung änderte sich allerdings, als seine Glockenschläge einer immer eigenwilligeren Zeitrechnung folgten. Victor Hugo selbst erlebte den Türmer nicht mehr, aber er trieb Zeitzeugen auf, die von der wachsenden Irritation erzählten.

Es war nicht ungewöhnlich, dass ein Glöckner oder Rufer oder Turmbläser zuweilen die Stunde verschlief. Es war jedoch ungewöhnlich, dass einer gegen Mitternacht die Totenglocke läutete oder um drei Uhr morgens zum Gottesdienst rief. Den Revolutionären gefiel diese Verwirrung. Sie fanden bald heraus, dass hier, wie es bei Victor Hugo heißt, ein Narr am Werke war; und da sie ohnehin alle Pfaffen für Narren hielten, fanden sie seine Weiterbeschäftigung angemessen und sogar förderlich im Sinne der neuen Zeit. Durch sein Wirken verlor das kirchliche Läuten seine Autorität.

Zweieinhalb Jahre lang, von 1790 bis 1793, wurde also emsig zu wunderlichen Zeiten geläutet, danach etwas weniger, denn dem betagten Glöckner schwanden allmählich die Kräfte. Schade! In den Berichten des Maire Bailly schwingt Bedauern mit. Immerhin brachte es der Anarch im Turm noch fertig, durch Hammerschläge die Uhrzeit zu korrigieren, und zwar ins Absurde. Die Glöckner besaßen zu jener Zeit Hämmer für den Fall, dass das rasselnde mechanische Räderwerk versagte oder Fehlschläge auslöste. Dann konnten sie mit der korrekten Zahl von Hammerschlägen das Läuten der Turmuhr berichtigen.

Das tat dieser Mann. Beherzt griff er ein in das Zeitvergehen. Naturgemäß konnte er die Uhr nur *vor*stellen: Aus vier Uhr konnte er durch zwei Hammerschläge sechs Uhr machen, Zeit zum Aufstehen. Aus elf machte er durch einen einzigen Schlag zwölf, Mittagspause. Aus ein Uhr durch fünf

Schläge sechs, Abendruhe. Seine Protektoren ließen ihn schalkhaft gewähren. Erst als er begann, aus zwölf dreizehn zu machen und weitere nie vernommene Zeiten zu schaffen, konnten sie sich seiner Verabschiedung in den Ruhestand nicht mehr widersetzen.

Dieser Kauz passt zu den in deutschen Städten aktenkundigen Begebnissen, in denen Nachtwächter die falsche Zeit ausriefen. Der früheste dokumentierte Fall stammt aus dem Straßburg des sechzehnten Jahrhunderts. Der Nachtwächter, wie alle seinesgleichen dazu berufen, den Schlag der Turmuhr in entlegene Viertel zu tragen, die Sperrstunde auszurufen, zur Sorgfalt mit offenem Licht zu mahnen und Unregelmäßigkeiten zu erspähen, begann selbst zur Unregelmäßigkeit beizutragen, und zwar im damals fortgeschrittenen Alter von zweiundsechzig Jahren.

Erst vergaß er seinen Spruch und verwechselte die Verse, bald auch die Glockenschläge. Mitten in der Nacht rief er die Morgenstunde aus, zuweilen schon um neun Uhr abends. Er glaubte, die Turmuhr in diesem Sinne gehört zu haben. Man verzieh es mehrmals, dann war Schluss. Er kam in den Narrenturm, wo er seine Verse weiter ausrufen durfte.

Bis ins neunzehnte Jahrhundert ließ man die Vergesslichen und Verwirrten achselzuckend gewähren. Hätte er im neunzehnten Jahrhundert gelebt, hätte man ihn zu heilen versucht; vorzugsweise mit Peinigungen. Heute würde er heiter in einer Seniorenresidenz leben oder einfach hier im Wohnblock, mir gegenüber oder gleich in meinem Haus. Jedenfalls freue ich mich darauf, dass wir bald wieder viele zeitlose Nachtwächter erleben werden, sehr viele sogar, mehr als jemals zuvor. Und wenn Gottes wohlwollende Gleichgültigkeit es will, werde ich dazugehören.

Also, wie spät ist es? Gehen wir in die Küche. Der Herd verfügt über eine Digitaluhr. Die liegt mir inzwischen mehr als das runde Ziffernblatt, das schwermütig den Sonnenlauf nachahmt. Mein Großvater, der sich zeit seines Lebens mit Messinstrumenten umgeben hatte, mit Thermometern, Barometern, Hygrometern, Windmessern, Regenmessern, Glasenuhren, begeisterte sich in seinen letzten Jahren für die Einführung banaler Digitaluhren mit. Ein stumpfsinniger, rot leuchtender Radiowecker entzückte ihn über alle Maßen, während ihm all das diamantene und goldene Ticken, Vibrieren, Rotieren und Zittern von kostbaren Zeigern rein gar nichts mehr sagte. Die nüchternen Leuchtziffern las er vergnügt jedem Besucher vor. Er genoss das Spiel der wechselnden Zahlen; dass sie etwas mit Zeit zu tun hatten, war ihm nicht mehr verständlich zu machen. Er war Alfons der Viertelvorzwölfte geworden.

Übrigens gilt dasselbe für Victor Hugo. Die Psychologen unter seinen Biografen nehmen an, dass er den zeitvergessenen Glöckner nur deshalb als Thema vermied, weil ihn eine Scheu vor der Nähe zu diesem Phänomen abhielt. Die Forscher des allmählichen Gedächtnisschwundes sind heute überzeugt, dass die Betroffenen schon Jahrzehnte im Voraus etwas davon spüren. Wegen dieser Ahnung, die sie nicht einmal benennen können, unternehmen sie etwas dagegen: Sie rufen zu geistiger Aktivität auf, predigen Offenheit, Flexibilität und gesunde Ernährung, fangen an, Gedächtnisübungen zu machen und Kreuzworträtsel zu lösen, betreiben Yoga und Meditation und meiden im Übrigen, wie Victor Hugo, die Berührung mit diesem Thema.

Es holte ihn ein, den Dichter der Nation, bald nachdem er von seinem Exil auf Guernsey nach Paris zurückgekehrt war. Einige Verwandte reagierten beleidigt, als er sie nicht mehr erkannte. Sie glaubten, sie seien in den fünfzehn Jahren zu sehr gealtert. Andere, weniger Empfindliche, freuten sich, weil er vermögend war und es nicht mehr zu wissen schien.

Sein Privatsekretär führte letzte begonnene Werke zu Ende, ganz im Duktus des Meisters, und schöpfte Tantiemen ab. Die Hauptperson selbst, Victor Hugo, interessierte es nicht mehr. Das Versprechen, er werde im Panthéon beigesetzt werden, ließ ihn in Gelächter ausbrechen; er wiederholte den eigentümlichen Klang dieses Namens, der ihm nichts bedeutete. Er wusste nicht mehr, was das Panthéon war, wo Paris lag, noch, was sein Beruf, Alter, Name oder Geschlecht sei. Aber er erlebte die heitersten Jahre seines Lebens.

Haute Cuisine

Wir sind also in der Küche. Wenn nicht jeden Mittwoch die Putzfrau käme – heute ist sie nicht da, also wird heute nicht Mittwoch sein –, dann sähe es hier anders aus. Ordnung und Übersicht werden unwichtiger, finden Sie nicht auch? Zumal beide nur oberflächlich sind, nur Schein. Die ordentlichsten Leute haben den geringsten Überblick. Sie bekämpfen das Chaos, indem sie den Schreibtisch frei halten und Papiere auf Stapel schichten und sogenannte Prioritäten setzen. Irgendwann geben sie diese fruchtlosen Bemühungen auf und lassen locker und entspannen sich, einige allerdings erst auf der Intensivstation.

Diese Phase habe ich zum Glück bereits jetzt erreicht, bei guter Gesundheit. Lange galt ich als halbwegs ordentlich; das ist vorüber. Ich halte mich an die vorbildliche Biografie von Céleste Albaret, die als Haushälterin von Marcel Proust zu Ruhm kam. Als er starb, war sie dreißig. Sie diente weiter in den Häusern verschiedener Herrschaften, sorgte für Ordnung und pünktliches Essen, hielt Küche, Zimmerfluchten und die Urnen auf dem Kaminsims sauber, war verantwortungsbewusst, umsichtig, zuweilen übergenau. Erst bei der letzten Herrschaft, einer gleichaltrigen Edeldame, die Salz und Zucker verwechselte sowie das Klo für einen Blumentopf hielt und umgekehrt, die außerdem aus den ererbten Ölgemälden die Köpfe ihrer Ahnen ausschnitt und als Untersetzer verwendete, einer Marquise de Rambouillet, entspannte sich auch Céleste, schwang sich auf den gleichen Gipfel der Nachlässigkeit, ruhte aus und vergaß.

Sie soll am Schluss bizarre Gerichte serviert haben. Haben Sie Appetit? Küchen sind ja ein Ort der Kreativität. Und das kulinarische Spätwerk von Paul Bocuse ist Ihnen vertraut? Nicht? Was und wie er in den letzten Jahren kochte, jenseits aller Sterne? Seien Sie froh, dass ich lediglich Teewasser aufsetze. Preisen Sie sich glücklich, dass ich das Wasser aus der Leitung zapfe, nicht aus der Vase mit den durchgebogenen Tulpen, und dass ich bislang weder Pril noch Glaubersalz hinzugegeben habe. Behalten Sie den Wasserkocher sicherheitshalber im Auge.

Régis Pasdeloup, ehemals Tester beim *Gault-Millau*, besuchte betagte Maîtres der Haute Cuisine für eine Serie namens »Sterne-Köche im Alter«. Einige kochten in ihrem privaten Ambiente immer noch nach gewohnter Art – kurzsichtig zwar, Kesselpfeifen und Küchenwecker froh überhörend, grob abschmeckend, mehr schlecht als recht, aber doch akzeptabel. Anderen, und das waren die interessantesten, musste Pasdeloup zur Hand gehen. Er musste Schubladen aufziehen, in denen er Kontoauszüge zwischen Besteck fand, musste Kleiderschränke durchstöbern nach lang vermissten Gewürzen und wurde um Vorschläge gebeten zum Gebrauch schlichter Reiben und Bratenwender. Mengenangaben waren das Geringste, was diesen Meistern gleichgültig geworden war.

Ich erinnere mich an die Serie mit einer Folge von fünf Fotos in einer französischen Zeitschrift: Der ruhmreiche Fünf-Sterne-Koch hält eine Kartoffel in der linken Hand, ein Schälmesser in der rechten und vermag beide nicht zusammenzubringen. Er betrachtet die Kartoffel, indem er sie hoch gegen das Licht hält. Er entdeckt sein eigenes, konkav verzerrtes Spiegelbild im Messer. Auf dem dritten Bild sticht er in die Kartoffel; entweder um zu prüfen, ob sie gar ist – oder ob sie lebt. Dann beißt er probierend hinein. Schließlich, auf dem letzten Foto, lacht er in die Kamera, glücklich über dieses überraschende Spielzeug.

Vielleicht, gab Pasdeloup zu bedenken, hatte dieser Meister mit Anfang zwanzig zum letzten Mal die einfache Arbeit des Schälens verrichten müssen; danach war sein Stern in entlegenere und komplexere Sphären aufgestiegen. Nun war er kaum über siebzig, der Stern längst gesunken, doch eine Rückkehr zu den niedrigen Tätigkeiten war nicht mehr möglich. Immerhin, das Lachen war geblieben oder vielmehr wieder zum Vorschein gekommen. Kinder lachen am häufigsten in den ersten beiden Lebensjahren, in jener zeitlosen Zeit, wenn sie noch nicht begonnen haben, die Welt zu entschlüsseln. Er hatte damit aufgehört und war zum Lachen zurückgekehrt.

Was die anderen Meister der Haute Cuisine, mit ihren selbst verfassten Rezeptbüchern vor Augen, zusammenbrauten, was sie mischten und aberwitzig kombinierten, was sie verkohlen, verkrusten und verdampfen ließen, was sie brandstiftungsverdächtig flambierten oder was sie eiskalt servierten, obgleich es ein paar Stunden im Ofen oder zumindest das Auftauen verdient hätte, wurde allenfalls übertroffen von der Art, wie sie sich darüber hermachten. Die in

Kursen erlernten und von Gremien geprüften Feinheiten des gehobenen Tafelns hatte der Reporter gar nicht mehr erwartet. Aber hier waren die schlichtesten Tischsitten in Vergessenheit geraten, die Benutzung der Serviette oder des Fischmessers oder einfach des Tellers. Die preisgekrönten Feinschmecker schienen sanft wieder in jener Phase gelandet zu sein, in der man es einst für angebracht gehalten hatte, sie mit Löffel und Schieber vertraut zu machen. Nur dass sie jetzt nichts Neues mehr aufnehmen wollten. Sie widmeten sich ganz und gar dem Verlernen.

Im Dunkeln

Ich erwähne das nur, weil ich soeben ungeniert die Schokolade von einem Keks geknabbert habe. Ich lege ihn hiermit wieder zurück. Bitte nehmen Sie sich ebenfalls einen, es muss nicht derselbe sein. Oder mögen Sie lieber Kekse ohne Schokolade? Dann, bitte sehr, könnten wir ein Joint Venture eingehen.

Sie möchten Teller, Tassen, Teelöffel? Sie schätzen es, wenn es ein bisschen hübsch und gemütlich ist? Gern. Wir können im Wohnzimmer den Tisch decken. Falls Sie Kerzen dazu wünschen, muss ich allerdings gestehen, dass es schwierig sein wird, Streichhölzer zu finden. Haben Sie welche mit? Streichhölzer werden in dieser Wohnung von jemandem versteckt. Von demselben, der die Sicherung des Herdes rausdreht; deshalb können wir nur den Wasserkocher betreiben. Ist Ihnen schon aufgefallen, dass es lediglich Kunststofftischdecken gibt? Mich störte es anfangs, mittlerweile finde ich es praktisch. Der Teppich im Wohnzimmer ist ebenfalls abwaschbar. Ich bin gebeten worden, in der Küche eine Plastikschürze zu tragen. Warum nicht? Diese Schokokekse schmecken trotzdem, jedenfalls die Couvertüre, stimmt's? Warum schauen Sie so verwundert auf das Verfallsdatum?

Ich erinnere mich an ein Weihnachtsfest, zu dem ich meine Eltern besuchte, in ihrem Landhäuschen in der Heide. Nach fünfzig Jahren Ehe führten sie ein Leben wie Zwillinge, vom Temperament her immer noch verschieden, jedoch mittlerweile gleich gestimmt, einander genügend ohne bedeutenden Kontakt zu Freunden oder Verwandten, im selben Rhythmus den Tag teilend, Welt und Nachbarn in gleicher Weise erlebend, bevor meine Mutter ausscherte und mein Vater mit dem Versuch des Teilens allein blieb.

Vor diesem Weihnachtsfest hatte ich die beiden ein halbes Jahr lang nicht gesehen. Nun reiste ich zum ersten Mal mit meiner frisch angetrauten Frau an, mit Claudia. Um ihnen keine Arbeit zu machen, brachte Claudia das Weihnachtsessen in Töpfen mit; es musste nur aufgewärmt werden. Wir saßen am Tisch, als meine Mutter es auftrug – nicht in Schüsseln, sondern in den Töpfen, die wir mitgebracht hatten. Meine Frau wunderte sich.

»Das ist Pragmatismus«, erklärte ich ihr. Kein Dampf stieg aus den Töpfen auf. Die Speisen als heiß zu bezeichnen, wäre übertrieben gewesen. »Homöopathen raten ebenfalls zu lauwarmem Essen«, erläuterte ich der kleinen Runde. »Im indischen Ayurveda ist es sogar vorgeschrieben. Es gilt als gesünder.«

Meine Mutter benötigte solche Rechtfertigungen nicht. Sie füllte die Teller, setzte sich und begann sogleich zu essen. Wir hatten noch nicht einmal die Servietten entfaltet, da kaute sie bereits frohen Mutes, unbekümmert um die schattenhafte Anwesenheit von Gästen. Ich bemerkte das Befremden meiner Frau. »Höflich war das nicht«, gab ich später zu, als wir mit unseren Töpfen wieder abzogen. »Aber man kann es auch als Zeichen wachsender Unabhängigkeit deuten.« Meine Frau schwieg grüblerisch, als sei diese Äußerung bereits ein Zeichen meines genetischen Verhängnisses.

Sie hätte vorbeugend die Scheidung einreichen können. Zu spät. Nun bin ich selbst auf diese Straße eingebogen. Die Tüten mit Tee im Kühlschrank haben Sie schon entdeckt? Gleich hinter dem Zucker und dem Mehl, neben den Rosinen, ich glaube, im Fach ganz oben. Den Kandis finden Sie im Gefrierschrank. Ja, ich habe die Lebensmittel ein bisschen umverteilt. Stört es Sie? Sie sind herzlich eingeladen, eine andere Ordnung herzustellen. Kleiner Tipp: Frank Sinatra hortete Konservendosen im Kühlschrank, allerdings erst im September seiner Jahre, als er Hosen mit Gummizug trug. Perry Como, sein romantischer Kollege, ließ die Fächer einfach leer. Er öffnete die Kühlschranktür, setzte sich davor auf einen Schemel und schaute in das sanfte Licht, um das leichte Nebel aufstiegen. Er streckte die Beine aus und genoss die herrliche Kühle. »Das«, teilte er einer erschrockenen Verehrerin mit, »ist das Nordlicht!«

Einem Künstler sieht man solchen Umgang mit Vorrat und Energie nach, man bewundert ihn sogar und spricht von Marotten. Meine Mutter konnte zeichnen und schreiben, schwerelose Aquarelle von eigener Hand zierten die Wände. Doch das reichte nicht, um meinen Vater davon zu überzeugen, dass es sich um eine liebenswerte Marotte handelte, wenn sie die Fernsehzeitung in den Kühlschrank legte und ihr Adressbuch in der Tiefkühltruhe verwahrte. Ich weiß nicht, ob ich selbst den Nimbus des Künstlers beanspruchen darf. Ich weiß aber, es kann Ihnen passieren, dass Sie im Finstern stehen, wenn ich den Raum verlasse. Wenn ich das Licht ausmache, sehe ich gewöhnlich nicht hinter mich. Melden Sie sich, falls Sie noch drin sind und sich im Dunkeln nicht zurechtfinden. Bitte stoßen Sie nicht gegen das Memory-Spiel.

Auch diese liebenswerte Gewohnheit liegt in der Familie. Die Schwester meiner Mutter, Tante Marlies, begrüßte mich im Eingangsflur ihres vollgerümpelten Hauses, redete ein paar Worte und verlor sich im Rankenwerk ihrer Assoziationen. Während ich den Mantel an die Garderobe hängte, fiel sie ins Schweigen, drehte sich abrupt weg, als hätte sie meine Erscheinung abgehakt wie eine spukhafte Störung. Ohne sich noch umzuwenden, knipste sie das Licht aus und schloss hinter sich die Tür. Ich stand im Dunkeln und konnte mich nur am winzigen Lichtpunkt des Schlüssellochs orientieren. Als ich vorsichtig einen Fuß vor den anderen setzte, ging ein Schirmständer polternd zu Boden. Wie ein Dieb erstarrte ich mitten in der Bewegung. Die Tür ging auf, der massige Schattenriss der Tante füllte den Rahmen. Sie schaltete das Licht ein und starrte mich an: »Dietmar! Wo um Himmels willen kommst du denn jetzt her?«

Musik

Machen Sie sich auf diese Frage gefasst. Wir sind neugierig in unserer Familie. Wir möchten gern wissen, woher plötzlich die Leute kommen, die wir nicht eingeladen haben. Oder hatte ich Sie eingeladen? Oder meine Frau? Sie heißt Claudia, sie ist nicht da, aber Sie sollen es trotzdem gemütlich haben.

Ich werde jetzt erst einmal das alte Geschirr vom Tisch räumen. Pardon, dass es noch herumsteht. Ach, das haben Sie gerade frisch aufgedeckt? Umso besser! Herzlichen Dank! Wenn Sie Lust haben, legen Sie doch gleich noch eine CD ein. Suchen Sie sich irgendeine aus. Ich mag keine Geräte, bei denen man etwas programmieren muss. Sie wissen, wie ein CD-Spieler funktioniert? Versuchen Sie Ihr Glück. Sonst summe ich Ihnen etwas vor.

Dideldi, dideldum. Ich erinnere mich noch, wie meine Mutter das Gesumme ihrer eigenen Mutter zu stoppen versuchte. Es gelang ihr für kurze Momente einer überraschenden Stille, dann setzte es wieder ein. An irgendeinem späten Punkt in ihrem Leben muss meine Großmutter das Gespräch zugunsten neutraler musikalischer Äußerungen eingestellt haben. Meine Mutter reagierte empfindlich, weil dieses Summen nie zu enden schien. Es folgte keiner erkennbaren Melodie; es war wohl zusammengesetzt aus vielen Melodien, die in unentwirrbarer Folge am inneren Empfänger meiner Großmutter vorbeizogen und von ihr live und ungeschnitten in die Welt gesandt wurden. Kinder summen manchmal so, hier im Hof.

Damals schien es mir zuweilen, als könnte ich ein Lied erkennen. Ich stieg mutig ein, für zwei, drei Takte, doch im vierten wechselte sie bereits die Tonart und knüpfte anderswo an. Summend wanderte sie an den Wochenenden durch unsere Wohnung, summend saß sie im Ohrensessel, während der Fernseher lief, summend in unserem Auto. Laut war sie nicht; ihr entfloss eine Art melodiöses Murmeln, doch es erregte Aufmerksamkeit, beim Einkauf in vornehmen Modeläden, in der Straßenbahn, im Fahrstuhl des Warenhauses, im Café, von wo wir bisweilen verfrüht aufbrachen, wenn sich zu viele Köpfe drehten und tuschelten.

Das Summen endete, als mein Vater meiner Mutter vorschlug, sie mit in den Kirchenchor zu nehmen. Meine Mutter war Mitglied der Kantorei und nahm es nun auf sich, ihre betagte und melodiös verwirrte Mutter dorthin mitzunehmen. »Sie ist ein bisschen kauzig, aber sehr musikalisch.« In der weihevollen Atmosphäre, unter dem gebieterischen Blick des Gemeindedirigenten, verstummte meine Großmutter. Stattdessen begann sie, nach etlichen Minuten der inneren Navigation, mit ihrem brüchigen Organ einzustimmen in die Motetten und Kirchenlieder. Die Nächststehenden, darunter meine Mutter, rückten erschrocken ab von ihr, ein paar Meter; dann war es gut.

Am Ende des Abends trottete sie schweigend heim zu uns. Sie schwieg noch am nächsten Morgen, sie schwieg auf dem Weg zur Straßenbahn, sie schwieg beim Einsteigen; und vermutlich fuhr sie schweigend bis zu ihrer Wohnung. Summend kehrte sie fünf Tage später wieder zu uns zurück, am sechsten Tag wurde sie zum Chor gebracht, noch am selben Abend setzte das Schweigen ein, von dem wir nicht wussten, wie lange es währte; nur dass sie summend zurückkehren würde, das war sicher, das blieb so.

Ich weiß noch, wie mein Vater ein paar Jahre später zum Scherz das Ohr an ihren aufgebockten Sarg legte. Meine Mutter konnte darüber lachen. Beim Leichenschmaus überlegten wir, auf welcher Wolke man sie im Himmel platzieren würde, zweifellos etwas abseits, und ob der Kirchenchor eines Tages Sänger für Sänger in diese Ferne strafversetzt werden würde, um die Musiktherapie fortzusetzen von Ewigkeit zu Ewigkeit.

Den DemTect-Test gab es zur Zeit meiner Großmutter noch nicht. Aber ich bin sicher, dass sie unerschütterlich gesummt hätte, statt Zahlen umzudrehen oder Begriffe aufzuzählen, die sie sich hätte merken sollen. Null Punkte. Wissen

Sie noch einen? Einen einzigen? Apfel, Tisch, Bett? Nicht schlecht. Nur Bett gehört nicht dazu. Rhabarber, Vanille, Erdbeere? Völlig falsch. Erstens ist nur Erdbeere richtig, und zweitens gehören diese Worte zu der anderen Begriffsreihe. Aber Sie haben recht, wir wollten ja den Riechtest machen. Ich schlage vor, wir gehen hinunter und schnuppern am Flieder, einverstanden? Ich finde jetzt die Testfläschchen mit den ätherischen Ölen nicht.

Übrigens erfuhr ich viel später, dass Bach, Johann Sebastian, in den Jahren, in denen kein folgerichtiges Gespräch mehr mit ihm zu führen war, nicht nur vor sich hin summte, sondern dazu auch knarrend auf den Dielen hin und her wanderte. Keineswegs im passenden Rhythmus. Oder die Besucher, ähnlich wie die Gäste meiner Großmutter, erkannten nur nicht die Kühnheit von Melodieführung und Basso Continuo in diesem allerspätesten Spätwerk, das leider niemals notiert wurde. Schweigen wir von Beethoven, der in den Jahren seiner Taubheit laut und zerzaust vor sich hin sang. Die Nachbarn reichten Klage ein. Doch die »große Fuge« entstand so, schwer verdaulich, doch immer wieder gern gehört als Nationalhymne im Club der Zerstreuten.

Als ich meiner Frau von meiner Großmutter erzählte, begannen ihre Augen in wunderbarer Heiterkeit zu leuchten. Nicht aus Interesse, wie sich herausstellte, sondern aus Erleichterung. Wir kannten einander noch nicht lange. Wir waren noch nicht verheiratet. Jetzt strahlte sie: »Dann kann ich dir endlich meine Mutter vorstellen!«

Meine Schwiegermutter pfiff. Leise, aber vernehmlich. Einst, erzählte meine Frau, pfiff sie nur, wenn sie in den Keller ging. Ein paar Jahre später auch, wenn sie aus dem Keller wieder nach oben kam. Dann auch in der Küche, zunächst im lustigen Wettstreit mit Wasserkessel und Dampfkochtopf. Bald bei jeder Art von Tätigkeit. Zunächst nur, wenn sie allein war. Nach dem Verstreichen einer Schonfrist auch, wenn ihr Mann dabeisaß; später sogar, während er erzählte, was allerdings selten vorkam. Sie schaffte es schließlich sogar, bei ihren Schwimmzügen im Pool zu pfeifen, beim anschließenden Abtrocknen sowieso.

Sie pfiff nicht energisch, wie man einen Hund zurückpfeift, sondern beiläufig, mit der Luft, die ihr beim Ausatmen zur Verfügung stand. Manchmal klang es wie Wind, der sich an Dachkanten reibt, manchmal wie ein Fahrradventil. Ich sehe sie mit gespitzten Lippen durchs Haus schreiten. Die Gäste drehen die Musik etwas lauter, ein mitgebrachter Retriever duckt sich und jault beklommen. Sie pfiff sogar im Schlaf, berichtete meine Frau: »Man hätte es für ein Nebengeräusch des Atemstroms halten können, wenn nicht das Auf und Ab ferner Melodien daraus zu hören gewesen wäre.« Mir klang das vertraut. Ich sagte: »Ich glaube, wir können heiraten.« Meine Frau heißt Claudia.

Kleiner Talk

Und nun, ganz ehrlich, gebe ich Geräusche von mir? Summen? Singen? Pfeifen? Sie haben mich vorhin durch die Türe murmeln gehört, bevor ich öffnete. Konnten Sie ein paar Sätze verstehen? Wenn ich mich nicht täusche, haben Sie eine Weile gelauscht. Als Sie eintraten, behauptete ich, ich hätte nur ein paar Worte mit dem Garderobenständer gewechselt. Sie nickten einfühlsam. Habe ich in Wahrheit meine Kontonummer gemurmelt, dazu die PIN preisgegeben und eine Liste von TANs heruntergebetet? Möglich! Oder haben Sie mal wieder nichts verstanden?

Nun, Murmeln ist erlaubt in Mitteleuropa, auch das Gebrabbel der schleierhaften Art; und leise aus dem ersten Loch zu pfeifen, erst recht. Bei den bodenständigen Autoren des neunzehnten Jahrhunderts ist bereits davon zu lesen, bei Anzengruber, Ganghofer, Auerbach, Rosegger, Gotthelf: Die freundlichen Greise und Mütterchen sitzen auf der Abendbank mit Blick auf Wiesen und Gebirg. Sie wackeln mit dem Kopfe und nuscheln und tuscheln und zischeln und pfeifen und summen und nöckern vor sich hin. Die Enkel oder Urenkel malen ihnen Kreidegesichter auf das Wams und knoten ihnen die Schuhbänder zusammen. Die erwachsenen Kinder tätscheln ihnen die Wange. Der Pfarrer und der Schmied und der Nachbar klopfen ihnen vorüberschreitend auf die Schultern: »Ja, ja, Alterchen, erzähle du nur!«, und gehen ihrer Arbeit nach.

Habe ich jetzt, seit Sie da sind und mich beobachten, irgendwann verworren vor mich hin gemurmelt? Bin ich, während Sie das Geschirr aufdeckten, in eine Unterredung mit der Blumenvase versunken? Oder, wie Maria Schell, beim tiefen Blick in die Teetasse in einen zärtlichen Dialog mit dem eigenen Spiegelbild? Habe ich in einem bereits entglittenen Moment das Gespräch mit Ihnen abgebrochen, bin wie Vladimir Horowitz unangekündigt zum Singsang übergewechselt, oder habe ich mitten in Ihren hochinteressanten Ausführungen den Raum verlassen?

Ich glaube nicht. Denn wenn ich Sie richtig taxiere, bemühen Sie sich um eine angepasste Gesprächsführung. Sie folgen der Regel: nur eine Mitteilung pro Satz. Wie in der Werbung. Mehr, mutmaßen Sie, kann ich nicht aufnehmen. Und vielleicht nicht einmal das. Außerdem wenden Sie sich mir zu. Das ist ebenfalls freundlich. Sie sehen nicht aus dem Fenster, während Sie erzählen, obwohl sich dort vielleicht Pia Faller kämmt. Sie sprechen nicht, während Sie das Besteck ausrichten oder die Fernbedienung aus der Sofaritze klauben. Sie sprechen, indem Sie mich ansehen. Hätte es nicht schon immer so sein können?

Natürlich tun Sie das nicht ganz und gar aus freien Stücken. Sie haben von der Begebenheit mit Sugar Ray Robinson gehört. Als eine Pflegerin ihn von hinten ansprach, und wohl etwas zu laut, drehte er sich um, deckte seinen Kopf mit der Linken und verpasste ihr einen rechten Haken, der sie für mehrere Wochen in sein Lieblingsland versetzte, das Land der erinnerungslosen Weite. Um diese Zeit wusste er schon lange nicht mehr, dass er in seinen muskulösen Jahren Weltmeister oder überhaupt nur Boxer gewesen war. Boxen jedoch konnte er noch, ausreichend jedenfalls für den Tagespflegebedarf. Mir steht lediglich ein wenig Karate zur Verfügung; und ob ich die paar schematischen Schläge, Tritte und Fußfeger noch anwenden kann, weiß ich nicht. Wollen Sie mich einfach mal überraschend von hinten ansprechen? Genauso laut wie jetzt?

Sie sprechen nämlich etwas zu laut. Ich kenne das. Diese Gewohnheit stellt sich unwillkürlich ein, wenn man das Gefühl hat, die Person gegenüber könne nicht ganz folgen. Ich sprach immer überdeutlich prononciert und mit Lehrerstimme zu meiner Mutter. Doch mit der Dezibelzahl haben Vergesslichkeit und nebelhafte Orientierung nichts zu tun. Das nur nebenbei; sonst machen Sie alles richtig. Sie stellen keine Fragen, die sich auf die jüngste Vergangenheit beziehen, das beugt meiner Irritation vor. Und falls es Ihnen doch unterläuft, formulieren Sie die Frage bedachtsam so, dass das Risiko meines entgeisterten Verstummens gering bleibt. Sie schonen mich und sich. Sie stellen Fragen, die ich mit Ja oder Nein beantworten kann. Ich muss keine komplizierten Erklärungen abgeben. Danke. Das habe ich mir von jeher gewünscht. Schade, dass es so spät kommt. Aber ich darf ab und zu kompliziert sein, wenn ich möchte, ja?

Ordnungen

Sie stehen sinnend vor meinem Bücherregal, als wollten Sie ein Spitzweg-Bild nachstellen. Sehr hübsch. Die Rücken der Bücher betrachten, eines hervorziehen, dann noch eines, ein drittes, in der Lücke hinten an der Wand ein versteinertes Brötchen aus dem zwanzigsten Jahrhundert entdecken, mit zu Pulver getrocknetem Honig – das weckt so ein Gefühl bücherwurmhafter Behaglichkeit. Sie wissen, wie es in Spitzwegs Alterswohnung am Heumarkt aussah? Heute bekäme er zunächst Besuch vom Messie-Beauftragten des Gesundheitsamtes in Begleitung eines Kammerjägers, anschließend vom neurologischen Dienst.

Man hatte ihm nahegelegt, die städtische Gemälde-Kommission zu verlassen und sich nur noch dem eigenen Spätwerk zu widmen, als er begann, Maler zu verwechseln und Bilder falsch zuzuordnen, und in Schlafrock und Nachtmütze zu Preisgerichten erschien. Einen Kauz nannte man ihn freundlich, einen Eigenbrötler, Sonderling. Die Welt müsse romantisiert werden, hatte er gefordert. In der Malerei war es ihm gelungen, nun endlich auch im Leben. Seine dämmerige Wohnung im Stadtzentrum hielt er für eine Einsiedlerhöhle im Gebirge. Er unterhielt sich lebhaft mit den Figuren auf seinen Gemälden, stritt sich bisweilen mit ihnen und bat seine Staffelei, nicht ständig in seiner Abwesenheit durchs Zimmer zu wandern. Ich kann darin nichts Ungewöhnliches entdecken, und auch damals pochte kein städtischer Aufsichtsbeamter an die Tür. Man ließ ihn in Frieden.

Und Sie stehen nun da wie der Bücherwurm. Allerdings schauen Sie nicht die Bücher an, sondern die leeren Zwischenräume. Warum Lücken in meinem Bücherregal klaffen, wollen Sie wissen? Auffallende Lücken, als hätte ein Bär mit Prankenhieben die Reihen gefegt, auf der Suche nach den zerbröselnden Brötchen? Sie stellen eine Warum-Frage. So ganz sachgemäß sind Sie doch nicht gebrieft worden. Wir waren übereingekommen, dass ich nur Ja-Nein-Fragen beantworte! Oder haben Sie das schon wieder vergessen? Na? Wie war das noch mit der Wortreihe?

Nun, ich ordne gern um, und als geistig beweglicher Mensch ordne ich immer mal wieder nach anderen Kriterien. Dabei fällt zwangsläufig auf, dass manches Buch überflüssig geworden ist. Romane ohnehin, neuerdings auch Lexika. Ich möchte etwas nachschlagen, ich suche eine Person, sagen wir Edison, Thomas Alva, wegen der Anekdoten über seine Vergesslichkeit, und stelle fest: Der Mann steht nicht drin. Edison wusste im Alter nicht mehr, wie man eine Glühbirne auswechselt; dabei hatte er sie erfunden. Soll er deshalb nun selbst in Vergessenheit geraten? Ich habe in einem zwanzigbändigen Lexikon nach Giacomo Casanova gesucht. Nichts. Nirgends. Unbekannt. Weshalb nur? Weil er seine späten Jahre in wunderlicher Wirrnis verbrachte, als Verwalter einer Bibliothek, die er unwiderruflich ins Chaos stürzte? Ist er deshalb getilgt? Als Rache der Bücher am Peiniger ihrer Vorfahren?

Sie bezweifeln, dass ich im richtigen Band nachgesehen habe. Casanova im K-Band, Edison unter Ä? Nun, ausgeschlossen ist das nicht, wenn ich in Rechnung stelle, dass ich nach dem Portemonnaie bereits in der Brotdose gesucht habe und nach der Wasserpumpenzange im Wäscheschrank. Übrigens in beiden Fällen erfolgreich. Man muss unorthodoxe Wege gehen. Aber Sie haben recht. Bereits während des Studiums, in der Bibliothek, habe ich auf den zehn Schritten zu den Nachschlagewerken häufig vergessen, was ich suchen wollte. Diese Eigenschaft gehörte damals zu den Mindestvoraussetzungen für eine Mitgliedschaft im Club.

Jetzt benötige ich kaum noch Lektüre. Ich freue mich darauf, mit einem oder zwei Büchern auszukommen, gern mit Kinderbüchern und ihren erinnerungsfreien Helden. Bis dahin prüfe und sortiere ich. Meine Mutter sortierte in späten Jahren Besteck und Lebensmittelvorräte neu. Auch persönliche Habseligkeiten verbarg sie an ausgesuchten Plätzen in der Küche. Später fanden wir Silberlöffel und Backpulver in ihrem Sekretär, Briefe und Fotos ihrer Vorfahren im Schrank mit den Reinigungsmitteln. Mein Vater begann bald danach, die Dias seiner Sammlung neu zu ordnen, nach einem Prinzip, das niemandem einleuchtete, nach kurzer Zeit auch ihm selber nicht mehr. Ich erinnere mich an verdunkelte Abende, in denen wir die Reisen eines Lebens bunt gemischt vorgeführt bekamen. Für ein Rätselspiel wäre die Schau geeignet gewesen, aber so war sie nicht gemeint.

Er hatte sich die Mühe gemacht, zwischen den zahllosen Kästen hin und her zu tauschen. Aufnahmen vom Nepal-Trekking waren kombiniert mit Nashornbildern von der Safari, im Wechsel mit Fotos von Wattwanderungen und Schiffshebewerken sowie Bildern von uns Kindern aus den Fünfziger- und Sechzigerjahren, das Ganze im Kasten mit der Aufschrift »Südamerika-Rundreise«. Auch eine Frau kam wiederholt vor, die wir nie zuvor gesehen hatten. Aber meine Mutter wunderte sich um diese Zeit über gar nichts mehr, auch nicht über dergleichen ungewöhnliche Entdeckungen. Sie war bereit, über alles zu staunen.

Mein Vater glich in seiner eigenwilligen Ordnungsliebe dem Harlekin, den ich nicht finden konnte, dem Giacomo Casanova, der im hohen Alter vom böhmischen Grafen Waldstein aufgenommen wurde und als dessen Bibliothekar amtierte, auf dem Schloss in Dux, auf halbem Weg zwischen Dresden und Prag. Geschätzte dreitausend Bände und Folianten soll der Graf besessen haben. Sein neuer Bibliothekar nahm die Titel zunächst nach einem System auf, das alle zufriedenstellte. Nur er selbst war nach geraumer Zeit nicht mehr davon überzeugt. Nach stirnrunzelnden Vergleichen zwischen Verzeichnis und Regalreihen wies er die behandschuhten Diener zu Umordnungen an, ohne sich dabei noch die Mühe der Katalogisierung zu machen.

Der Katalog hätte wenig später ohnehin überarbeitet werden müssen. Noch vor dem Abschluss des Umtragens missfiel dem Meister das reformierte System. Abermals wurden Träger bestellt und Rollwagen hin und her geschoben. Diese Aktivität wiederholte sich. Sie wurde zur unentbehrlichen Gewohnheit. Der Graf ließ es in respektvoller Neugier geschehen. Zuletzt brachte sein erlauchter Gast – mittlerweile schon nicht mehr lesekundig, ja wieder zum Analphabeten geworden – in seinen wachen Nächten die Bibliothek bei Kerzenlicht in ein System, dessen Undurchschaubarkeit den Grafen und seine lesekundigen Gäste zu fruchtlosen Irrwegen in einem Labyrinth verdammte.

Nichts mehr ließ sich auf Anhieb finden, nach manchen Büchern musste tagelang gesucht werden, sie fanden sich in fernen Gemächern, sogar im Marstall; vieles blieb für immer verschwunden. Eine Bibliothek sei das Gedächtnis der

Menschheit, hatte Casanova geschrieben; diese Bibliothek glich zweifellos seinem Gedächtnis.

Darf für meine dasselbe gelten? Danke. Auch ich bin dazu übergegangen, sie bei Nacht neu zu arrangieren. Nachts ist der Geist am einfallsreichsten – er ist aber auch, wie man zu Zeiten Casanovas wusste, den Einflüsterungen der Nachtalben am ungeschütztesten ausgesetzt. Ach, nebenbei: Der im Nachthemd durch die Regalreihen geisternde Abenteurer lässt auch ermessen, wie unterhaltsam erotische Wünsche im Stadium der Schrulligkeit werden können. Sie sind noch lebendig oder tauchen überraschend aus ihrem Winterschlaf auf, richten sich aber bisweilen auf seltsame Ziele und drücken sich höchst eigenwillig aus. Nicht nur beim Helden der Verführung, doch er bleibt das Vorbild. Als Casanova sich in das Bett seines Gönners legte, wusste man nicht genau: Richteten sich seine Wünsche nun an den dreißig Jahre jüngeren Grafen selbst oder aber an dessen Mätresse – oder hatte Casanova nur zufällig dieses Schlafzimmer entdeckt, dankbar und erleichtert, weil er sein eigenes nicht mehr finden konnte?

Gehen wir

Ich schlafe zuweilen auf dem Sofa, seltener im Lehnstuhl. Ein Schlafzimmer besitze ich auch; Sie werden mir sicher sagen können, wo. Meine Frau, Claudia, hat irgendwann ihr eigenes bezogen, als ihr mein wechselhafter Rhythmus zu anstrengend wurde. Sie ist froh, wenn ich mich nachts aufs Bücherordnen beschränke und nicht auch noch Geige spiele wie der greise Nathan Milstein oder von Gemälden die Farbe kratze, um sie für eigene Werke neu anzurühren wie Norman Rockwell, oder den Mülleimer ausleere und in der Garage Stück für Stück den Schrott nach Größe und Farbe sortiere wie der heiter ins geistige Nirvana gedriftete Cyrus Vance. Von seinem Amt als Außenminister unter Jimmy Carter wusste Cyrus zu diesem Zeitpunkt nichts mehr, nichts von seinen Verdiensten, Orden, Ehrungen, nichts von dem Präsidenten, dem er gedient hatte. Aber er war vollkommen präsent. Er sortierte alten Plunder mit der liebevollen Konzentration eines Kindes. Wie viel Hingabe steckt in diesem von jedem Sinn befreiten Fleiß, wie viel Magie in den vom Nutzen erlösten Gegenständen! Mit dem Vergessen des Erlernten beginnt die Wiederverzauberung der Welt.

Liz Taylor begnügte sich zuletzt damit, die Stofftiere und Puppen auf ihren Sofas neu zu arrangieren und die Vasen zu gießen, in denen ausschließlich Plastikblumen standen. In der Morgendämmerung wusste sie nicht, ob sie bereits gefrühstückt hatte oder nicht. Das geht mir längst auch so. Mich hält es schlank, sie wurde füllig; es kommt auf die Neigung des Irrtums an. Stand der Tee nicht bereit, immer noch englisch mit Zucker und Sahne, schob sie sich im Rollstuhl mit ihrem weißen Malteser aus der Tür, setzte ihn im Garten ab und sah zu, wie er sich zwischen den Stauden verirrte. Wieder im Haus, konnte es geschehen, dass der Hund zufällig Richtung Tür spähte; sie vermutete, er wolle hinaus, und gehorchte. Sie empfand sich als Dienerin. Kaum war sie im Haus, rollte sie – es sei denn, der Tee war nun da – erneut mit ihm los. Der Malteser war nachgiebig. Und ihrem Teint bekam die frische Luft gut.

Warum erzähle ich das? Weil wir jetzt ebenfalls rausgehen wollen. Es ist freundlich, dass Sie mich begleiten. Es könnte sonst sein, dass ich zwar zurückfände, aber nicht in diese

Wohnung, sondern in eine andere. Oder dass ich, wie meine Mutter, eine dreihundert Euro teure Rückfahrt buchen muss, weil ein Polizeibeamter es für notwendig hält, dass ich in einem Notarztwagen chauffiert werde. Meine Mutter war für meinen Vater von uneinholbarer Schnelligkeit. Das brauchen Sie bei mir nicht zu befürchten. Sie beruhigte ihn, als beide sich bei einem Waldspaziergang verirrt hatten: »Da vorne sind Wegweiser; ich sehe mal nach, in welche Richtung wir müssen!«

Er stimmte zu, beobachtete, wie sie raschen Schrittes die hundert Meter zum Wegweiser zurücklegte, wie sie einen kurzen Blick auf die drei in verschiedene Richtungen zeigenden Schilder warf und dann entschieden hinter den Tannen der Wegbiegung verschwand. Sein Rufen wurde vom Dickicht verschluckt, und als er selbst an jene Kreuzung gelangt war, war sie längst verschwunden. Nach Einbruch der Dunkelheit, er war längst wieder zu Hause und hatte die Gemeindehelferin benachrichtigt, wurde sie von der Besatzung eines Krankenwagens abgeliefert, bester Laune und einigermaßen erstaunt über seine Sorge. Nein, im Wald sei sie nicht gewesen, schon gar nicht mit ihm, sondern auf einer Ausflugsfahrt mit diesen beiden reizenden, weiß gekleideten Herren.

»Und die Tannennadeln an deinen Schuhen?«, sagte mein Vater, als hätte es Sinn, einen Indizienbeweis anzutreten.

»Was du immer denkst!«, rief sie lachend. Damit musste er sich zufriedengeben.

Ich ziehe Slipper an. Schuhe mit Schnürsenkeln sind mir schon als Kind zu kompliziert gewesen. Und jetzt wüsste ich nicht mehr, wie eine Schleife zu binden wäre. Von den 85 Methoden, eine Krawatte zu binden, habe ich in meinen ehrgeizigsten Zeiten immerhin drei beherrscht, jetzt keine einzige mehr. Nun staune ich die verschweißten Enden der Schnürsenkel an, komme gerade so weit, das linke Ende mit links zwischen Daumen und Zeigefinger zu nehmen, das rechte mit rechts und vielleicht noch ein X zu bilden, aber dann müsste vermutlich ein Handwechsel folgen; die linke Hand soll wohl das rechte Ende halten, und das rechte Ende muss mit links durch das X geführt werden, ist es nicht so? Und das wäre nur der Anfang. Für Leute wie mich gibt es mittlerweile Spiralsenkel, Twister genannt, einmal kräftig ziehen, schon schnurren die Enden zusammen, fertig. Aber ich bevorzuge Slipper.

Ja, betrachten Sie gern die Fotowand: Sie sehen mich als Kind, wie ich einen Wanderschuh zuschnüre; ich hatte gerade das Schleifebinden erlernt. Ungefähr auf der Position befinde ich mich jetzt wieder, von der anderen Seite aus gesehen; die Stadien, die folgten – Teenager, Gitarrenspieler, Botaniker, streunender Single, Ehemann, Vater –, habe ich schon wieder rückwärts durchlaufen. Ich bin wieder, der ich als Kind war und nun bis zum Ende sein werde, Verzauberer der Welt.

Auf dem Foto links unten, es ist höchstens drei Jahre alt, soll mein Gesichtsausdruck bereits so verändert sein, dass lang abwesende Freunde, die mich um diese Zeit besuchten, ihr Erschrecken kaum unterdrücken konnten. Das Porträtfoto meiner Frau befindet sich übrigens genau in der Mitte. Sie heißt Claudia. Ich gebe ungern zu, dass ich in verschwiegenen Momenten die Zuordnung übe, aber es ist wahr. Dann stehe ich vor dieser Fotowand und zähle mir auf: Claudia, Johanna, Nils, Mareike, Anneke, Lars, Mattis, Julius, Konrad, Franz, Jakob, Tante Reni, Horst und Heidi. Sie können mich gern abfragen. Die Lösung steht auf der Rückseite!

Aber lassen Sie uns erst losgehen. Vielleicht treffen wir Pia Faller? Den Autoschlüssel nehme ich vorsichtshalber mit. Ach, würden Sie möglicherweise den Anlasser für mich in Gang bringen, den irgendjemand Wohlmeinendes speziell für mich außer Kraft gesetzt hat?

Schnäppchen

Sie können sich denken, dass ich in diesem Treppenhaus meinen Schlüssel schon an falschen Türen ausprobiert habe. Und ich gedenke, das weiterhin zu tun. Es lohnt sich. Zuweilen probiere ich vergeblich. Dann stochere ich und nestele beharrlich, der Schlüsselbund klirrt vielversprechend, doch ich komme nicht weiter. Manchmal öffnet jemand die Tür, zuerst erschrocken, selten empört, denn er erkennt mich und seufzt: »Ein Stockwerk höher, Herr Bittrich!« So etwas nenne ich tätige Nachbarschaftshilfe. So fördere ich die zwischenmenschliche Kommunikation.

Gelegentlich sind die Nachbarn auch zu mir gekommen – an Abenden etwa, an denen meine Frau noch länger in der Praxis geblieben war und an denen ich die freie Zeit nutzte, um Bilder umzuhängen oder wenigstens schon mal jede Menge Nägel an mögliche Plätze zu hämmern. Der anerkannte Nagelkünstler Günther Uecker hat einmal erzählt, er sei von seiner Großmutter inspiriert worden. Die hatte im Witwenalter die Werkzeugkisten ihres Mannes geplündert und voller Begeisterung die heimischen Wände mit Nägeln gespickt, in geometrischen Mustern, die ihren Kreuzstichbildern ähnelten. »Mit Näglein bestickt«, zitierte sie stolz.

Ich verstehe das. Es wird viel gehämmert in den Wohnungen sonderbarer Alter. Tiefenpsychologen behaupten, mit jedem Nagel solle eine erlöschende Erinnerung festgehalten werden. Östlich orientierte Heilkundler wissen sogar, dass die Nagelbretter indischer Fakire im Ayurveda als Mittel gegen Vergesslichkeit angewandt werden. Aber diejenigen, die Zimmermannsnägel in den Putz treiben oder jede Nacht die Betten umstellen, sind an psychologischen Deutungen nicht interessiert.

»Könnten Sie mit dem Aufhängen der Bilder vielleicht lieber morgen weitermachen?«, fragte mich eine rotäugige Nachbarin vorsichtig.

»Natürlich, ja«, antwortete ich. »Es ist gleich Mitternacht, da beginnt schon der neue Tag. Dann pausiere ich bis dahin.«

»Nein, nein, bitte erst bei Tageslicht weitermachen. Wir wissen alle, Sie sind Mitglied im Club der Zerstreuten, aber wir brauchen unseren Schlaf.«

Ich habe stets Verständnis für Hilfesuchende gehabt. Sogar für Leute, die klingelten, obgleich sie weder Nachbarn noch Freunde waren und nicht einmal als Zeugen Jehovas durchgehen konnten. Einige wollten Geld sammeln für die deutsch-israelische Verständigung oder für ein Hospiz oder einen Behindertenverein. Die meisten waren Verkäufer oder wollten wenigstens Geld verdienen. Ich gehe niemandem auf den Leim, aber ich bleibe freundlich. Manchmal kaufe ich etwas, aber nur, wenn es sich um einmalige Schnäppchen handelt. Auf den Enkeltrick bin ich nicht hereingefallen, es sei denn, Sie haben sich vorhin als Enkel ausgegeben. Ist das etwa so? Und ich habe es lediglich vergessen? Dann würden wir jetzt gar nicht spazierengehen und Kaffee trinken, sondern zur Bank fahren und Geld abheben? Haben Sie so etwas vor?

Nun, warum nicht. Das Geld muss im Umlauf bleiben, daran beteilige ich mich gern. Deshalb habe ich nicht nur eine einzige Fernsehzeitschrift abonniert, sondern mehrere, und ich finde es jetzt sehr aufschlussreich, sie zu vergleichen. Ein paar Frauenzeitschriften liegen auch herum, und irgendwann muss mir jemand den *National Geographic* verkauft haben. Einziger Kündigungsgrund wäre laut Vertrag mein Ableben. Obendrein habe ich einen gesundheitsfördernden Wasserreiniger erworben, der atomar kontaminierte Partikel herausfiltert. Dann kleine Aufkleber gegen Handystrahlung. Von einem durchreisenden Kittspezialisten habe ich die Fenster abdichten lassen. Und ich habe an der Tür einen schönen, preiswerten Teppich ergattert. Meine Frau fand ihn weder schön noch preiswert; Wertschätzung bleibt etwas sehr Persönliches. Mehrmals habe ich die Telefontarife gewechselt und habe etliche Öko-Stromanbieter als Freunde gewonnen. All das wird niemand als Hereinfallen bezeichnen, das ist kluge Geschäftspolitik.

Mein Vater hingegen ist mehrmals hereingefallen, allerdings war er da schon älter als ich jetzt. Auf die Dachdecker, die nur das Moos abkratzten. Bald danach auf einen Zaunversiegler, der mit einer unetikettierten Spraydose die dreißig Meter abschritt und etwas auf den Lattenzaun sprühte, was er als Komplettschutz für die nächsten Jahrzehnte ausgab. Den Tipp, dass mein Vater für so etwas zahlen würde, hatte er von den Dachdeckern bekommen. Anschließend stellten sich weitere Anbieter vor; Mitarbeiter einer neu gegründeten Lottostelle, Gardinenverkäufer, die Maß nehmen wollten; eine Gemeindeschwester auf der Suche nach Spenden – »Wenn Sie Ihr Geld nicht gleich finden, helfe ich suchen« – und ein Bankmitarbeiter, der überprüfen wollte, ob mein Vater Falschgeld besaß. Der Kontrolleur wollte es sicherheitshalber gleich einziehen, gegen eine Quittung zur Vorlage bei der Bank.

Zu dem Zeitpunkt war mein Vater jedoch schon gewarnt, und mit seiner Bank hatten wir vereinbart, dass er ohne meine Zustimmung nicht mehr als fünfhundert Euro auf einmal abheben durfte. So floss das Geld nur noch in Fünfhundert-Euro-Portionen in die Hände von Tricksern und Kleinganoven, von Kleidersammlern, Kirchenfreunden, Rohrkontrolleuren, und ich tröstete mich damit, dass diese Leute auch ihre Familien ernähren mussten und mit dem Geld die Wirtschaft ankurbelten. Lediglich seine eigene echte Enkelin ließ mein Vater abblitzen, am Telefon. Sie durfte ihn nicht besuchen, obwohl sie keineswegs von Geld geredet hatte; nur hatte ich ihm am Tag zuvor vom Enkeltrick erzählt.

Mit höchstem Genuss ging er dem »Bayerischen Münzkontor« auf den Leim, obwohl sogar die Diakoniepflegerin und der Auslieferer des Essens ihn gewarnt hatten. Zu jener Zeit waren die meisten Alten in den Heidedörfern bereits Abonnenten der unvergleichlichen Sonderangebote geworden. Nun auch er. Die Spezialisten für das Verscherbeln nutzloser Münzen und operettenhafter Medaillen hatten ihm einen Umschlag zugesandt mit der Aufschrift »Expertenbefragung«. Da waren sie genau richtig bei ihm, denn für einen Experten hatte er sich immer gehalten, war aber lange nicht mehr um seine Meinung gebeten worden. Das geschah jetzt endlich. Die Fragen auf dem Bogen konnten mit schlichten Kreuzchen beantwortet werden. Der Bogen durfte sogar unfrankiert zurückgeschickt werden; so wichtig und wertvoll war den Münzern die Meinung des Experten. »Sagen Sie uns Ihre Meinung, Herr Bittrich!«, wurde er auf der ersten Seite ehrerbietig angeredet; am Ende hieß es: »Vielen Dank für Ihre Mithilfe, Herr Bittrich!«

Die sieben oder acht Fragen dazwischen lauteten: »Finden Sie es richtig, dass auch kleine Staaten wie Malta und Zypern den Euro einführen dürfen?«, und »Glauben Sie, eine weltweit einheitliche Währung wäre sinnvoll und praktikabel?«, und »Finden Sie, dass durch die Verbreitung des Euros die Vielfalt der Münzen ärmer wird?«. Zu beantworten immer mit Ja oder Nein oder Keine Meinung. Wie glücklich muss mein Vater beim Ausfüllen gewesen sein! Ich verzieh dem schlitzohrigen Münzkontor. Er muss noch glücklicher gewesen sein als beim Ausfüllen von Kreuzworträtseln. Hier wurde sein Wissen offiziell gewürdigt und mit einem Dankeschön-Paket belohnt; dazu musste er lediglich unterschreiben. Dass mit dieser Unterschrift ein kostspieliges Abonnement auf Münzsätze verbunden war, war schwer zu entziffern. Die erste Ladung samt Gratis-Plunder traf bald ein. Und nun kamen wir in den Genuss der ausgefeilten Kunst meines Vaters, seine Besucher zu überzeugen: Genau solche Münzen habe er sich immer gewünscht, und er sei froh, mit achtzig Jahren endlich eine Münzsammlung aufzubauen.

Spiele

Warum sollten wir das nicht glauben? Ich habe mittlerweile ebenfalls eine schöne kleine Sammlung aufgebaut, nicht aus überteuerten Münzen, mehr aus Schnäppchen und Kleinen Dankeschöns, die es zuverlässig für jede große Geldverschwendung gibt. So besitze ich mehrere multifunktionelle Wetterstationen und LCD-Wecker sowie Schwimmkerzen-Sets, praktische Multiöffner, eine Pfanne mit Nano-Flon-Technologie, das Stifteset »Leather Look«, die Gürteltasche »Hip«, das glasfaserverstärkte Klebeband »Magic«, einen Wollrasierer, zwei Kratzer-Entferner nebst Hornhaut-Ex, weiter einen praktischen Kekszubereiter, den hammerfesten Turbo-2000-Kleber, das Wohlfühlset »Relax«, mehrere revolutionäre Neuerungen auf dem Gebiet der Haushaltsreinigung sowie eine Solarleuchte für Garten und Balkon und natürlich eine Profilupe – mit einer Amateurlupe würde ich mich niemals zufriedengeben.

Gewiss ist das nicht alles notwendig, doch gerade im Überflüssigen, Spielerischen blüht das Glück. Das haben Philosophen behauptet, von denen die meisten am Ende ihres Lebens tatsächlich nur noch Überflüssiges taten und spielten. Maria Montessori hatte in ihrem hellen Alterszimmer nur ein paar Kugeln und Perlenschnüre, nicht jedoch, um ihr pädagogisches Konzept zu erläutern, sondern um Knoten zu knüpfen und wieder zu lösen, Perlen abzustreifen und wieder aufzuziehen, um Kugeln kullern zu lassen und darüber zu lachen. Der Komponist Aaron Copland spielte mit dem Konfetti aus dem Verwaltungsbüro des Heimes, in dem er lächelnd die letzten Jahre verbrachte: in die Luft werfen, aus der Hand rieseln lassen, über den Tisch pusten. Mehr war nicht mehr nötig.

»Mein Gott, was soll sie mit all den trockenen weißen Bohnen!«, erregte sich der englische Verleger von Enid Blyton, der Verfasserin zahlloser detektivischer Kinderbücher, als er die alte Dame in ihrem durchsonnten Heim aufsuchte. Bald stellte er fest, dass er sich mit seiner Bestseller-Autorin nicht mehr folgerichtig unterhalten konnte, dass es überdies zwecklos war, ihr zur Wiedererkennung aus den eigenen Büchern vorzulesen, dass sie jedoch mit einem Ausdruck höchsten Glücks mit den weißen Bohnen spielte. Sie schnippte sie über die Tischdecke, versuchte, in ein Schälchen zu treffen, oder teilte sie in Formationen ein und ließ sie gegeneinander vorrücken wie in einem Strategiespiel. Der Verleger wollte darin die Konstellationen ihrer Detektivromane erkennen, aber schlüssig waren diese Spiele nicht, und sie verfolgten kein Ziel; sie waren wunderbar überflüssig.

Ich habe nichts dagegen, dass Sie jetzt zum Einkaufen mitkommen und ein bisschen aufpassen. Aber ich darf auch ein paar überflüssige Dinge um mich scharen, ja? Ich nutze mittlerweile gern sogenannte Gewinnchancen und schneide Gratis-Coupons aus. Zuletzt ist es mir gelungen, Geschenke mit Namen zu erwerben: einen Fleeceschal mit meinem Namen, eine Nikolaussocke mit meinem Vornamen, einen Osterhasen mit rotem T-Shirt und darauf mein Vor- und Zuname, für meine Frau einen Teddybär mit Namensschleife »Claudia«, den sie leider im Schrank versteckt hat, sowie günstige Posten aufklebbarer Schmucketiketten mit meiner Anschrift, übrigens für einige Jahrzehnte im Voraus. Ich trete Ihnen gern einen Stapel ab.

Diese Adressaufkleber habe ich immer dabei. Allmählich kommen mir nicht nur Scheine und Münzen abhanden, sondern auch Name und Adresse. Darin eifere ich ebenfalls großen Vorbildern nach. Charles Bronson war jünger als ich jetzt, als er zu vergessen begann, wie er hieß. Einem Autogrammjäger fiel es als Erstes auf. Bronson unterschrieb mit »Dennis«. Das Autogramm, erstes Zeugnis des Wunderlichwerdens, gilt heute als das wertvollste, das er gegeben hat. Rechercheure bekamen heraus, dass er einst tatsächlich Dennis geheißen hatte, Dennis Buchinsky, und dass er Sohn Litauer Tataren war, die ihre Identität samt muslimischem Glauben bei der Einwanderung abgestreift hatten. Im Heim für hemmungslos Vergessliche begann Dennis Buchinsky, der niemals einen Koran besessen hatte, gen Mekka das Haupt zu senken, als sei das ein genetisch weitergegebenes Muster. Wem die Verneigung galt, konnte er nicht sagen, aber sie war ihm wichtiger als alles andere, wichtiger schließlich als sein eigener Name.

David Ben Gurion wusste zuletzt nicht mehr, in welchem Staat er lebte – immerhin in dem, den er gegründet hatte. Man versuchte ihm zu erklären, wer er war. Er glaubte es nicht, oder es war ihm gleichgültig geworden. »Ich bin, der ich bin«, erklärte er, und seine Betreuer empfanden das nicht als Thora-Zitat, sondern als tiefe Erkenntnis. Queen Victoria regierte noch ihr Land, als sie längst keinen Schimmer mehr davon hatte, um welches es sich handelte. Mittlerweile soll dasselbe für Queen Elizabeth gelten, an immer mehr Tagen im Jahr. Sicher ist, dass Philipp, ihr Prinzgemahl, sich seit seinem fünfundsiebzigsten Geburtstag immer mehr auf sein Amt als König von Dänemark und Griechenland konzentriert hat. Völlig aus der Luft gegriffen ist diese Anmaßung nicht, doch weder in dem einen noch in dem anderen Land ist seine Regierungskunst bislang angekommen.

Ich will damit nur andeuten, dass es keine üble Leistung ist, wenn ich noch weiß, in welchem Haus ich wohne. In diesem nämlich, das wir gerade verlassen, um in den Frühling hinauszuwandern. Sehen Sie, hier in diesem Vorgarten sind über Nacht die Maiglöckchen aufgesprungen, obwohl wir noch April haben, oder irre ich mich? Die Magnolie wirft ihr Gefieder schon ab, dann müssten im Jenischpark die japanischen Kirschbäume jetzt den Rasen mit Konfetti beregnen. Wollen wir dorthin? Dann sollten wir ein Stück mit dem Auto fahren. Gern mit meinem.

Bundesverdienstkreuz

Jetzt sind wir am Hausbriefkasten vorbeigekommen, und ich habe nicht nach der Post gesehen. Das hat Zeit bis zum Rückweg, meinen Sie? Da bin ich nicht sicher. Ich erwarte eine Gewinnzusage vom Wiener »Referat für Gewinn-Verständigungen«. Ist Ihnen Frau Magister Schollmeier von der Rechtsabteilung Friedrich Müller bekannt? Von Friedrich Müller im Auftrag von Frau Magister Schollmeier oder umgekehrt bekomme ich einmal pro Monat eine Gewinngarantie über fünfzigtausend Euro in bar. Ich müsste den Gewinn lediglich innerhalb von achtundvierzig Stunden reservieren lassen, telefonisch, unter einer extra für mich eingerichteten Telefonnummer. »Anderenfalls wird ein Verlust von fünfzigtausend Euro von Ihnen, Herr Bittrich, zu akzeptieren sein«, steht regelmäßig in dem Brief. Bislang habe ich es nie in der Frist geschafft. Ich wollte Sie fragen, ob wir vielleicht zusammen anrufen können? Für nur drei Euro pro zehn Sekunden? Vielleicht kommen wir gemeinsam über jene Warteschleife hinaus, in der ich bisher immer hängen geblieben bin, bis ich nach Stunden auflegen musste.

Aber Sie wollen jetzt erst einmal Flieder riechen. Das sollte möglich sein. Gleich hier in diesem Vorgarten. Dies ist der Fliederbusch. Wenn Sie einen Bund Autoschlüssel in den Zweigen finden, liefern Sie ihn bitte bei mir ab. Über die Jahre ist manches in diesem Busch gelandet, was ich oben vergessen hatte. Wenn ich unten bemerkte, was ich nicht mitgenommen hatte, klingelte ich, und meine Frau warf es aus dem Fenster. Das meiste – MP3-Player, Brötchen, Schnellhefter, Handys, Regenschirme – wickelte sie weich ein und packte es in fallschirmtaugliche Plastiktüten. Schlüssel ließ sie einfach nur fallen, und wenn ich Pech hatte, hier in die Zweige. Nicht immer kam ich dran; dafür fand ich dann den vermissten Originalschlüssel doch noch in meiner Jackentasche; der Zweitschlüssel blieb im Busch, später auch der Drittschlüssel. Ich weiß nicht, ob wir überhaupt noch einen haben.

Ja, von dort oben wurde er geworfen. Das ist das Küchenfenster. Aus dem hingen meine Frau und ich vor etlichen

Jahren jeden Mittag, sobald wir meine Mutter verabschiedet hatten. Während mein Vater verreist war, wohnte sie in einer kleinen Stadtwohnung im Nebenhaus. Nach dem Essen schärften wir ihr ein, sie müsse unten lediglich zehn Meter nach rechts gehen. »Dann stehst du schon vor deiner Wohnung!«

»Was denn? Vor meiner Wohnung?«

»Vor deiner Wohnung. Dort ist sie, dort war sie immer. Den Schlüssel hast du in der Hand.«

Wir lauschten ihrem Schritt im Treppenhaus, dann eilten wir ans Fenster und sahen sie aus der Haustür treten. Sie blickte sich um, zögerte und ging entschlossen anderswohin. Manchmal verschwand sie um die Ecke, manchmal kehrte sie wieder um, überquerte die Straße, ging hin und her, blieb stehen, fragte jemanden, der mit ihren Worten nichts anfangen konnte. Und meist ging ich ihr irgendwann nach.

Einige Nachbarn ergötzten sich daran. Ich nahm bewegte Vorhänge wahr, Glucksen, Gelächter und bekam später Fragen von durchschaubarem Mitgefühl. Wenn es je die Glasur einer Familienehre gegeben hatte, war sie nicht mehr zu wahren. Vielmehr war ich als dynastischer Erbe dieser Veranlagung erkannt. Meine Mutter nahm es nicht übel. Sie war zur Närrin geworden. Doch das hatte von Anfang an in der Familie gelegen. Ihr Vater war als Zauberkünstler aufgetreten und hatte am Schluss bei schlichtesten Kartentricks gepatzt. Sie selbst schlüpfte nun in die Rolle des Clowns. Andere durften sich über sie erheben. Sie sorgte für eine Steigerung des Selbstwertgefühls im Publikum. Ich hätte sie für das Bundesverdienstkreuz vorschlagen sollen!

Aber da hatte es ja mal den Vorfall bei der Verleihung gegeben. Meine Großtante Margretchen, eine verdiente Heldin des Gemeinwohls, wurde zu spät für die Ehrung entdeckt.

Zum Zeitpunkt der Zeremonie, am Tag des Ehrenamtes, war sie trotz eines hoch dosierten Gedächtnispräparats in eine abenteuerliche Vergesslichkeit geglitten. Bis zum Salon des Präsidenten hatte man sie noch bugsieren können. Dort aber wehrte sie sich gegen den Orden. Sie akzeptierte die Verleihungsurkunde, nicht jedoch das Verdienstkreuz am Bande mit der hässlichen Damenschleife. Sie verschränkte die Arme. Nein, diesen Gegenstand wollte sie nicht. Und als der höchste Beamte im Staate ihr die Schleife dann doch unter gutem Zureden anstecken wollte, ohrfeigte sie ihn.

Am Tag danach bekam sie Beifall von Freunden des Widerstands gegen die Staatsgewalt und brachte es später noch im schwarzen Block zu bescheidenem Kultstatus. Der Ordenssegen aber ist an meiner Familie fortan vorbeigegangen. Nur ein einziges Verdienstkreuz, eben jenes von Tante Margretchen, haben wir einigermaßen lukrativ bei eBay versteigern können.

Navigation

Wie bitte? Ob der Flieder duftet? Lassen Sie mich testen. Hmm. Nur schwach, sehr schwach nach meinem Empfinden. Genau genommen gar nicht. Oder riechen Sie etwas? Wenig, ja? Die Zeit des größten Duftes ist vorüber. Viele sagen, Flieder dufte heute grundsätzlich nicht mehr. Ein Fäulnis-Gen ist entfernt worden, jetzt bleibt er länger frisch, aber der Blütenduft ist abhandengekommen. Oder ein Gen wurde hinzugefügt, das Läuse abstößt, nur muss zugleich der lockende Duft unterdrückt werden. Noch besser: Der Busch benutzt heimlich das Deo, das meine Frau im vorigen Jahr herunterwarf, als ich zu einer Lesereise aufbrach. Ich habe es nie gefunden.

Kleiner Scherz. Wie bitte? Sie haben das Deo eingepackt? Und die Zahnbürste auch? Verwirren Sie mich nicht. Über Ihren kleinen Koffer habe ich mich bereits gewundert. Ich dachte, nur das Memory-Spiel sei drin.

Aber fahren wir erst mal ein Stück. Ich schlage vor, Richtung Jenischpark. Den Campanile hatten wir ja schon. Jedenfalls gern mit meinem Wagen. Ich habe lange nicht mehr so richtig Gas gegeben. Da steht er, wenig benutzt. Und Sie, Sie schließen ihn bereits auf! Dann ist es also Ihrer? Und wir besitzen dasselbe Modell? Das weckt schmerzhafte Erinnerungen an meine Studentenzeit, als ich regelmäßig den Wagen des Hausmeisters ruinierte, zumindest das Schloss, weil ich seinen Wagen für meinen hielt. Doch Sie haben natürlich den richtigen aufgeschlossen, Ihren eigenen Wagen. Und Sie verfügen über ein Navigationssystem, wie ich sehe, über dasselbe wie ich. Benötigen Sie so etwas? Ich finde mich in der Stadt ohne Navi besser zurecht. Aber legen Sie los.

Als ich meine Mutter in ihrem Heim abholte, um mit ihr nach Oberhaverbeck ins Naturschutzgebiet zu fahren, an einem Frühlingstag wie diesem, verblüffte sie mich durch ihre Kontaktfreude. Das lag an meinem neuen Navigationsgerät. Um jene Zeit vermochte niemand mehr, ein Gespräch mit ihr zu führen. Stillvergnügt verbrachte sie ihre zeitlosen Tage. Keiner hätte sagen können, was in ihr vorging. Vielleicht nichts; vielleicht war dort einfach nur Stille. An diesem Tag jedoch raffte sie sich zu einem Dialog auf.

Weil Oberhaverbeck wegen dampfender Asphaltierungsarbeiten nicht auf der Hauptstraße zu erreichen war, musste ich das Navigationssystem in Betrieb nehmen. Mit schmatzenden Saugfüßchen heftete es sich an die Windschutzscheibe. Meine Mutter nahm es nicht zur Kenntnis. Als ich unseren Zielort eintippte, leuchtete das Display bunt auf, wir wurden zur Beachtung der Straßenverkehrsordnung ermuntert, und dann begannen die Ansagen: »Bitte biegen Sie nach hundert Metern links ab.« Nun stutzte sie.

»Biegen Sie jetzt links ab!«, forderte eine Frauenstimme.

Meine Mutter schüttelte den Kopf: »Na, das geht aber nicht!« Es ging, und ich tat es.

»Dem Straßenverlauf für zwei Kilometer folgen«, schlug die Stimme vor.

»Wer ist denn das?«, erkundigte meine Mutter sich unwillig.

»Das ist so etwas wie eine sprechende Landkarte«, erklärte ich. »Da wird die Strecke angesagt, die wir fahren müssen.«

Sie entrüstete sich: »Aber das ist doch eine Frau!«

Mir fiel ein, wie sie sich ein paar Wochen zuvor mit den Äpfeln in der Obstschale unterhalten hatte. Die Dinge gewannen ein zauberisches Leben zurück.

»Bitte in den Kreisverkehr einordnen«, mahnte das Wesen an der Windschutzscheibe.

»Das kommt ja gar nicht infrage!«, antwortete meine Mutter. Sie hatte sich nie gern Autoritäten untergeordnet. Mir jedoch blieb nichts anderes übrig, als in den Kreisel zu fahren. Dagegen unternahm sie nichts. Es war der Tonfall, der ihr missfiel. Rechts abbiegen, der Bundesstraße 3 folgen – sie widersprach jedes Mal und drohte der Dame am Fenster mit dem Zeigefinger. Auch deren letzten Seufzer – »Dann haben Sie Ihr Ziel erreicht« – ließ sie nicht gelten: »Das wäre ja noch schöner!«

Und nun glich sie meinem Bruder im Alter von drei Jahren. Um den Auftritt meines Vaters in einer Regionalsendung zu sehen, waren wir damals zu Nachbarn gegangen, die ein Fernsehgerät hatten. Am Ende der Sendung forderte mein Bruder: »Den Apparat nehmen wir mit, da ist Papi drin!«

Meine Mutter lebte jetzt in derselben magischen Sphäre. Sie griff sich das Gerät, zerrte es samt Saugfüßchen von der Scheibe, zupfte das Spiralkabel aus dem Zigarettenanzünder, stieg mit der Beute aus und warf sie samt der vorlauten Bewohnerin in den aus Brettern gezimmerten Papierkorb am Rande des Parkplatzes von Oberhaverbeck.

»Gut gemacht!«, behauptete ich. »Du hast dein Ziel erreicht!«

Später grub ich das ramponierte Stück wieder aus und verbarg es in einer Plastiktüte. Es war genau dieses Modell, das auch hier an der Scheibe klebt. Nur haben Sie es nicht benutzt. Sie kennen sich aus.

Und? Haben wir unser Ziel erreicht? Der Jenischpark ist dies nicht. Aber wir halten.

Was ist das, ein Hotel? Und hier haben wir gebucht? Ein Zimmer für mich? Dann soll ich hier eine Lesung halten! Immer wieder gern. Haben Sie meine Bücher mit? Ausgezeichnet.

Was denn, Frau Faller arbeitet hier? Aber heute hat sie frei? Pia Faller. Jetzt verwirren Sie mich. Und bevor wir reingehen, bieten Sie mir das Du an?

Das ist viel auf einmal! Aber sehr liebenswürdig, ja, das ist charmant. Du. Gern. Das geht in Ordnung. Also, ich heiße Dietmar. Und Sie, ich meine Du?

Ach!? Na, das ist ja lustig! Das kann ich mir leicht merken. Meine Frau heißt genauso!

III Coming Home

Künstlerpension

Der vom Gedächtnis fast gänzlich befreite Somerset Maugham tippte bis zuletzt in die Tasten. Das schwebt mir ebenfalls vor. Schriftlich gelangen ihm noch Sätze, die er mündlich längst nicht mehr hätte äußern können. Niemand weiß genau, welchen Anteil an seiner späten Prosa der Vertraute hatte, der ständig als Gast in der Villa bei Nizza weilte. Oder ob nicht gar die pflegenden Barmherzigen Schwestern die wahren Autoren von Maughams klügsten und frommsten Alterserkenntnissen sind. So etwas ist nicht ehrenrührig. Ich würde das moderate Eingreifen eines Betreuers ebenfalls nicht übel nehmen; ich würde es nicht einmal bemerken oder jedenfalls gleich wieder vergessen.

Als Shakespeare spürte, dass ihm das Navigieren in Welt und Sprache immer schwerer fiel, engagierte er einen Ghostwriter, John Fletcher. Shakespeares Alterswerke stammen weitgehend von ihm. Der Meister selbst zog sich bald ins Schweigen zurück. Fletcher machte unter eigenem Namen weiter.

Wilhelm Busch begab sich unter die Obhut eines Neffen, als ihm die Orientierung im eigenen Haus abhandenkam. Er zog zu Otto Nöldeke, in dessen Heim die bereits verdorrte Schaffenskraft des Dichters wundersam aufs Neue ergrünte. Nöldeke leugnete nicht, dass er den Duktus seines Onkels vollendet nachahmen konnte. Es bleibt sein Geheimnis, wer der Autor der Gedichte ist, die er nach Buschs Tod erfolgreich unter dessen Namen herausgab.

Tue du das gern ebenso. Tue es, bevor Pia Faller es tut. Ich glaube, sie arbeitet tatsächlich hier. Also komm, besuche mich in diesem geräumigen Zimmer mit Blick ins Grüne und mittäglicher Wahl zwischen drei Menüs. Greife unbesorgt in die Tasten dieses Laptops, tue so, als ließest du dir von mir diktieren, schreibe weiter, füge Eigenes ein, sichere dir die Tantiemen. Es muss nicht erst nach meinem Tod sein. Ich veröffentliche gern jetzt schon deine Einfälle unter meinem Namen.

Du erinnerst dich an Samuel Beckett? Im Mai 1990 erfüllte ich mir einen Geburtstagswunsch und betrat sein Altersheim. Es befand sich im Süden von Paris, in einer Seitenstraße des Boulevard Saint-Jacques. Am Boulevard hatte er gewohnt, Nummer 38, ganz oben in einem Hochhaus mit unverbaubarem Blick auf Krankenhaus, Gefängnis und Hochgarage. In der allerletzten Phase musste er betreut werden. Das geschah in der Rue Rémy Dumoncel, Nummer 24, einem dreigeschossigen Gebäude, das mich an die Armenasyle erinnerte, die Dickens und Gorki schildern. Mit etwas Mühe vermochte ich es romantisch zu finden. Beckett war einer der Heiligen meiner Generation gewesen. Ich war entschlossen, alles an ihm zu bewundern.

Der Leiterin des Gemäuers, Madame Bedier, entging mein verklärter Blick nicht. Es war offensichtlich, dass ich keine feindlichen Absichten hegte und schon gar nicht ein Prüfer der Gesundheitsbehörde war. So ließ sie mich ein, obgleich ich niemanden zu besuchen hatte. Beckett war ein halbes Jahr vorher gestorben. Sein Zimmer war längst wieder vergeben, sein Rollstuhl ebenfalls. Darin saß jetzt eine würdige Greisin, eine ehemalige Wärterin der Pariser Katakomben. Das kam mir passend vor. »Sie haben eine Künstlerpension«, schmeichelte ich der Madame Bedier.

»Jeder hier ist Künstler, auf seine Art«, erwiderte sie trocken. »Aber was Kunst ist, weiß keiner von denen.« Die Katakombenwärterin lächelte von weit her.

»Haben Sie den anderen Bewohnern erzählt, wer Beckett war?«, forschte ich, während ich ihn mir vorstellte in diesem zellenhaften Raum, den schlaksigen Greis mit dem borstigen grauen Haar und dem Vogelkopf, charismatisch noch im Rollstuhl.

»Wer Monsieur Samuel war, hat niemanden interessiert«, antwortete sie. »Nicht mal ihn selbst. Er wollte seine Ruhe haben. Er hat aus dem Fenster gesehen, das war alles.«

Ich betrachtete die feucht sich wellende Tapete über der Laibung. »Hat er nicht noch etwas geschrieben?«, bohrte ich, als wüsste ich nichts davon.

»Nein, keinen Deut. Er war nur noch ein Narr, *un fou.* Manchmal hat er versucht, lustige Abzählreime vorzutragen. Über die Anfangszeile ist er selten hinausgekommen. Aber einigen hier hat das gefallen.«

»Es gab mal einen deutschen Philosophen«, fiel mir ein. »Der hat in seinen letzten Jahren auch nur noch Kinderverse zum Besten gegeben. Heute ist er sehr angesehen.«

»Monsieur Samuel trug ein Clownsjackett«, erinnerte sie sich.

»Besitzen Sie es noch?«

»Der ganze Plunder ist nach Roussillon gegangen. Da können Sie sich alles ansehen, wenn Sie es anbetungswürdig finden, seine letzte Whiskeyflasche und die allerletzte Zigarillopackung und seine liebste Schnabeltasse.«

»Aber er soll hier noch etwas geschrieben haben, im Rollstuhl oder im Bett«, beharrte ich. »*Comment dire* oder so.« Ich wusste es ganz genau.

Sie lachte: »*Comment dire!* Nein, das ist nicht von ihm. Das haben wir alle hier zusammengetragen.«

»Es ist ein typischer Beckett-Text«, bekräftigte ich.

Sie schüttelte lachend den Kopf: »Das ist einfach nur das, was alle hier immerzu sagen. Monsieur Samuel hat mitgemacht, warum nicht? Ein paar Sätze hat er sicher auch beigetragen.«

Ich überreichte Madame eine Spende, die sie in ihrer Schürze verbarg, und fragte, ob ich noch ein paar Minuten allein im Haus herumgehen dürfe. Sie zuckte die Achseln, da mir nicht zu helfen war, zündete sich eine Zigarette an und begab sich in den Keller, wo sich die Küche befand.

Gedankendämmerung

Damals fragte ich mich, ob ich bereit wäre, mein nicht ganz so intellektuelles Autorenleben ebenfalls auf diese Weise zu beschließen: in einem Haus mit rissigem Putz und fragwürdiger Elektrizität, über zerschlissene Sisalteppiche schlurfend, Halt suchend an wackeligen Geländern, in Gesellschaft von Schatten, Halbsätze murmelnd in abgestandener Luft, geduldig wartend auf das zerkochte Essen aus einer verrauchten Kellerküche.

Aber ja! Natürlich! Als Beckett-Anbeter war ich dazu bereit! Mittlerweile ist es zum Glück nicht mehr möglich, nicht mehr in jener *Maison de Retraite*; die ist saniert und Teil einer Kette geworden. Seither präsentiert sie sich als *Résidence*.

Der Neurologe Dennis Selkoe hat Becketts Werke seit *Endspiel* als eine immer präzisere Vorausschau auf das tatsächliche Verdämmern des Autors gedeutet. Wenn die Bewohner eines Pflegeheims sich äußern könnten und wollten, würden sie es auf genau diese Weise tun. Und zuweilen tun sie es auch. Ein paar Jahre nachdem Madame Bedier mich darauf hingewiesen hatte, Becketts letzter Text verdanke sich einem Joint Venture, fand ich, dass meine Mutter exakt so redete, Beckett-haft. Nur war keiner bereit, ihre brüchigen Texte zu inszenieren oder bibliophil zwischen zwei Buchdeckel zu binden.

Der Forscher grübelt darüber, ob das Wissen um das Erlöschen der Persönlichkeit früh oder sogar von Anfang an im Unterbewusstsein angelegt ist. Demnach würden gewisse Aktivitäten weit im Voraus darauf hindeuten: bei dem einen existenzialistische Texte, beim anderen die Beschäftigung mit Erkenntnistheorie, beim Dritten Interesse für Neurologie, denn gerade Neurologen trudeln im Alter überproportional häufig ins selige Vergessen; beim Vierten ist es der Ehrgeiz, »aktiv« zu bleiben, das Gedächtnis zu trainieren und »immer offen für Neues« zu sein; beim Fünften mag es der Versuch sein, mithilfe eines Essays das Gespenst selbst einzuladen und zum Freund zu machen.

Für einen weiteren Autor trifft genau das zu. Er war mit Beckett befreundet. Seine Pariser Spuren verlieren sich unweit von Becketts letztem Wohnsitz im Hôpital Broca – Emil Cioran. Der schwermütige rumänische Emigrant verehrte in Beckett, was er selbst verkörperte: das Asketische, Mönchische, Eremitenhafte, die Fähigkeit, in vollkommener Einfachheit zu leben und zwischen kahlen Wänden mit nahezu nichts auszukommen. Cioran philosophierte darüber in unendlich wiederkehrenden Schleifen. Die Titel seiner Bücher lauten: *Der Absturz in die Zeit*, *Vom Nachteil, geboren zu sein*, *Gedankendämmerung*, *Lehre vom Zerfall*.

Seine persönliche Gedankendämmerung wurde für seine Freunde bei einem Pétanque-Spiel im März 1993 offensichtlich. Es war das erste Spiel im Jardin du Luxembourg nach der Schneeschmelze. Auf Teilen der Rasenflächen stand noch Wasser. Der Boden war schwer. Doch mit der Eröffnung der Pétanque-Saison trieben die Freunde den Winter aus. Für Cioran beendete dieses Spiel das, was er den Absturz in die Zeit genannt hatte. Er stieg aus ihr aus.

Beim Pétanque, wir nennen es Boule, kommt es darauf an, mit den eigenen Kugeln durch Werfen oder Rollen möglichst nah an eine Zielkugel zu gelangen. Einfachere Regeln sind schwer vorstellbar. Aber in diesem Frühling verstand Cioran die Regeln nicht mehr. Oder, wie seine Freunde anfangs vermuteten, er machte sich darüber auf einmal Gedanken von solcher Tiefe und Tragweite, dass ihm das Werfen der Kugel, die er vielleicht für die Weltkugel hielt, unmöglich wurde.

Der Philosoph wog sie. Er ließ sie von einer Hand in die andere gleiten. Er hielt sie dicht vor seine Augen, als sei darin etwas zu erkennen, wie die Zukunft in der Kristallkugel einer Wahrsagerin. Die Freunde beobachteten ihn. Sie waren bereit, bei einem melancholischen Denker ein gewisses Maß an Exzentrizität zu erdulden. Doch diesmal wollte sein Zaudern nicht enden.

»Soll ich als Erster werfen?«, fragte ihn ein Mannschaftskollege, der Musiker Pierre Jaudeau.

Cioran sah ihn stumm an.

»Ich werfe jetzt, ja?«, bekräftigte Jaudeau.

Cioran nickte. Doch dieses Nicken war keine Bestätigung.

»Es schien aus einer fernen Erkenntnis zu kommen«, berichtet Jaudeau. »Aus einer Erkenntnis, die nicht mehr mitteilbar war. Wie wenn jemand sagt: ›Ich weiß es jetzt; ich habe es endlich gesehen‹. Aber was er gesehen hat und was er jetzt weiß, das kann er nicht mehr beschreiben.«

Das klingt ein wenig nach Verklärung. Jaudeau wartete jedenfalls nicht länger. Er ging in die Hocke, zielte präzise, und mit seinem Wurf gelang es ihm, die aussichtsreichste gegnerische Kugel wegzuschießen. Bei dem scharfen Klacken zuckte Cioran zusammen. Er ließ seine Kugel fallen, wandte sich ab und ging fort. Die Freunde riefen ihn; er kehrte nicht um.

»An diesem Tag wurde für uns sichtbar, dass ›der Nachteil, geboren zu sein‹, für ihn geendet hatte«, erzählt Jaudeau. »Er unterschied fortan nicht mehr zwischen Nachteil und Vorteil. Er hatte jahrelang den Buddhismus studiert, verzweifelt, weil ihm die Befreiung verwehrt blieb. Jetzt war er befreit und wohl endlich glücklich. Er war Buddha.«

Sommerfest

Oder auch nicht. Wenn Cioran ein Buddha geworden war, dann zumindest einer, der seine Erleuchtung in der Obhut eines Pflegeheims genoss. Dorthin zog er wenige Tage nach seinem Pétanque-Auftritt, nicht ganz aus eigenem Impuls, aber ohne Widerstand. Cioran hatte die abgründige *Lehre vom Zerfall* geschrieben. Nun zerfiel selbst diese Lehre. Es zerfiel sein Bild von der Welt, und da es dunkel gefärbt gewesen war, lichtete sich sein Wesen. Es begannen wunderliche, heitere Jahre.

Das Bild des Denkers mit der Pétanque-Kugel erinnert an eine vergleichbare Szene des greisen Konrad Adenauer. Er steht an der eigenen Bocciabahn in seinem italienisch angelegten Garten in Rhöndorf, er wiegt die Kugel und wirft sie nicht. Er betrachtet die sauber gefegte Betonfläche, auf der bereits die Zielkugel liegt sowie die Kugel einer Mitspielerin;

er blinzelt in die Sonnenreflexe der Kugeloberfläche und beginnt aus vollem Herzen zu lachen. Es ist genug an Glanz und Schimmer. Darüber hinaus kann es nichts geben. Ende. Kein Spiel mehr.

»Was interessiert mich mein Geschwätz von gestern?«, hatte er gesagt. Mittlerweile war ihm das gesamte Gestern entfallen. Wer sagt, die Vergangenheit sei vorüber und interessiere ihn nicht mehr, hat beste Chancen, alles zu vergessen. Bessere jedenfalls – so ermittelten die Neurologen um Selkoe – als ein pingeliger Buchhalter, der pedantisch die Details eigener Heldentaten und Opfergeschichten hervorkramt. »Was interessiert mich mein Geschwätz von gestern«: Auch so ein Satz wäre demnach ein unbewusstes Vorausdeuten auf das Verlöschen der Erinnerungen.

Beim Sommerfest im Heim meiner Mutter wurde ebenfalls Boccia gespielt. Fenster und Türen des verglasten Speiseraums waren weit geöffnet. Davor, auf der ungemähten Wiese, hatte sich das Blasorchester der freiwilligen Feuerwehr aufgebaut und spielte unter dem Motto »Musik liegt in der Luft«. Die Alten lauschten an den Tischen im Speiseraum oder aus den Liegestühlen und Hollywoodschaukeln im Garten. Im Dämmerlicht eines weißen Zeltes warteten Torten und gespendete Napfkuchen auf die wackeligen Chauffeure der Rollatoren; dazu gab es Kaffee und Eis. Auf dem Rasen führte eine Kinderturngruppe Kunststücke vor: Rolle vorwärts, Rolle rückwärts, Handstand, Rad. »Bravo!«, rief die Lehrerin jedes Mal. Die Alten schwiegen. An einem Flohmarktstand bot das Pflegepersonal die schnörkeligen Erinnerungsstücke aus anonymisierten Nachlässen feil. Was nicht an Besucher verkauft werden konnte, diente später bei der Tombola als Gewinn.

Und wer wollte, durfte Boccia spielen. Weil ich die Cioran-Geschichte kannte, drängte ich meine Mutter zur abgesteckten Rasenbahn. Eine Schwester und ein Pfleger leiteten frohgemut zum Spiel an. Es war wie bei dem Blasorchester, das sich rot geschwollen und froschbackig ins Zeug gelegt hatte, und wie bei der Turngruppe, deren Purzelbäume nur von der Lehrerin beklatscht worden waren: Die Alten sahen mit freundlicher Interesselosigkeit zu. Sie ließen sich gefallen, was vor ihren Augen als »Fest der Begegnung zwischen Jung und Alt« abrollte. Dass sie selbst bei der Begegnung den Part der Alten übernehmen sollten, hätte sie außerordentlich befremdet.

»Was soll denn das?«, fragte meine Mutter, als der stellvertretende Pflegeleiter ihr eine rote Boccia-Kugel in die Hand drückte. Er machte es mit seiner blauen Kugel vor: So wirft man; und da vorn, kaum fünf Meter entfernt, das kleine Weiße, das ist die Zielkugel.

»Nein, nein«, erklärte meine Mutter überlegen, als wäre sie *so* leicht nicht übers Ohr zu hauen, und wollte ihm die Kugel gleich wieder aushändigen.

Ich nahm sie ihr ab, wog sie in der Hand und brachte einen akzeptablen Wurf zustande: »So musst du es machen!«

Sie lachte: »Nein, oh nein!« Sie schüttelte den Kopf, oder das Lachen schüttelte sie. Es war, als wäre mir ein erstklassiger Witz gelungen. Ihr kullerten die Tränen. Der Pfleger stimmte vergnügt mit ein, ich ebenfalls, und so zogen wir uns ausgelassen und unverrichteter Dinge zurück, während das Personal beim Boccia unangefochten unter sich blieb.

Spiele mit einem Ziel, Wettbewerbe überhaupt, sind nichts für kleine Kinder und nichts für alte Leute. Darin begegnen sich Jung und Alt nun tatsächlich, sofern das Alter mit Vergesslichkeit gesegnet ist: in der Absichtslosigkeit. Für Wesen ohne Ehrgeiz gibt es andere Spiele. Für die Jüngsten Klappern, Rasseln, Quietscheentchen oder Kuscheltiere mit Glöckchen. Und das alles darf scheppern und quietschen und klacken und klimpern und klappern, bis es den Eltern zu viel wird und sie es wegnehmen. Den Ältesten werden Rasseln und Klappern meist vorenthalten. Doch sie haben ein Glas, aus dem sie Wasser trinken sollen; einen Bleistift, mit dem sie nicht mehr schreiben möchten; einen Stuhl, der leer am Tisch steht; sie haben den Fußboden. Kein weiteres Spielzeug vonnöten.

Percussion

Tap, tap, tap, tippte meine Mutter mit der Spitze ihres Schuhs auf den Fußboden, während auf dem Bildschirm die »Sendung mit der Maus« lief. Tap, tap, tap; es war der Ausdruck einer inneren Bewegung oder überschüssiger Energie oder ein Ausdruck von gar nichts, lediglich eine motorische Funktion. Ping, ping, ping, schnippte Queen Mom ihren Zeigefinger gegen das Glas mit Gin, den sie laut Werbung ihres Hoflieferanten täglich trank; wir wissen inzwischen, dass sie lediglich das Glas benutzte, als Ersatz für die Babyrassel, unaufhörlich, *same procedure as every day.* Kling, kling, kling, ließ Margaret Rutherford bei ihren Besuchern das Lächeln gefrieren; sie pochte mit dem Teelöffel auf die Untertasse, mit geringfügigen Pausen, in einem unerforschlichen Rhythmus.

Tok, tok, tok, klopfte Paul Newman auf die Armlehne seines Sessels, ohne Unterlass, mit den Knöcheln seiner dürr gewordenen linken Hand. Es klang wie von weit her, berichtete Robert Redford, als begehrten Außerirdische Einlass. Wer weiß. Willem de Kooning zog einen leeren Stuhl unter dem

Tisch hervor und schob ihn wieder hinunter, schurr, schurr, mit derselben andächtigen Disziplin, mit der er einst gemalt hatte, nun allerdings im Altersheim, jeden Nachmittag, während der Kaffee an seinem Platz kalt wurde. Klack, öffnete Juliane, abgedankte Königin der Niederlande, ihre Handtasche, klack, verschloss sie sie wieder, klack, hineinschauen, alles noch da, klack, schließen, klack, wieder öffnen, hineinschauen, alles vorhanden, klack. Im Minutentakt. Ich höre diesen Sound. Er untermalt die alternde Republik.

Der Philosoph Ralph Waldo Emerson stürzte seine Schüler in eine Interpretationskrise, als er im hohen Alter mit seinem Wanderstock immer den gleichen Halbkreis auf den Boden zeichnete, auf den Sandboden vor seiner Lieblingsbank im Kiefernwald von Concord, Massachusetts, und bei Regen auf die Dielen seines Hauses, wo die Einkerbungen bis heute zu besichtigen sind. Die Aufsicht führenden Schwestern aus der Florence-Nightingale-Schule ließen es ehrfürchtig geschehen. Beharrlich zog der von Gedanken befreite Denker einen Halbkreis um seine Füße. Er sprach nicht mehr. Was er geschrieben hatte, hatte er vergessen. Wer er war, interessierte ihn nicht mehr. Fragen beantwortete er mit einem Lächeln. Aber schrapp, schrapp, hin und zurück, schurrte die metallbeschlagene Spitze über die Maserung der Dielen, regelmäßig wie das Pendel einer Uhr.

Wollte er, der so enthusiastisch indische Mystik studiert hatte, mit seinen unablässigen Halbkreisen auf stellare Bahnen und den Einfluss des Kosmos hinweisen, wie seine Verehrerin Louisa May Alcott hoffte? Oder eher auf die Wiederkehr des Ewiggleichen, wie sein Schüler Walt Whitman fürchtete? Beides möglich. Am ehesten wohl wies er auf die Bedeutungslosigkeit jeder kosmischen Wiederkehr oder irdischen Nichtwiederkehr hin. Denselben tiefsinnigen Wink gab hundert Jahre später Luis Buñuel in seinem Feierabendheim, indem er immer nur sein Gebiss herausschob und wieder einsog, hinausschob und wieder einsog. Eine existenzialistische Geste, wie sein Schüler Jean-Claude Carrière feststellte, würdig einer Szene in einem der surrealen Filme des Meisters. Auf jeden Fall ein schöner, schmatzender Sound.

Es ist an der Zeit, eine Symphonie zusammenzustellen aus solchen Sounds, ein Orchester aus diesen minimalistischen Musikern, zumindest aus den sonderbarsten von ihnen, denn mittlerweile gibt es Abertausende großartiger Minimalartisten, und es werden ihrer immer mehr. Es wäre vorwiegend eine Rhythmus-Gruppe, ein Percussion-Orchester, durchsetzt von beachtlichen Clustern instrumentaler Kunst. Mit der triumphalen Tournee des orientierungslosen Pianisten David Helfgott begann vor einigen Jahren dieser vielversprechende Trend: hin zur Performance sympathisch verwirrter Musiker.

Ich rechne mir mit meiner brüchig gewordenen Zupfgeigenkunst selbst gute Chancen aus. Das mit Perfektion gesättigte Publikum drängt jetzt zu Künstlern, die die Grenzen in Richtung Nirvana überschritten haben. Zu Pianisten, die die Tasten anstaunen, zu Blasmusikern, die vor den eigenen Tönen erschrecken, und zu Streicherensembles, die wohlwollend gegeneinanderschaben. Weil ihre tönende Konfusion immer auch ein bisschen unheimlich ist, werden sie meist frenetisch bejubelt. Die eigenartigen Künstler sollen versichert sein, dass sie großartig ankommen und bestimmt nicht böse zu werden brauchen.

Mit so einem Klangkörper würde ich gern auf Tournee gehen, mit den Schnippern, Tippern, Klopfern, Rasslern, Schmatzern, Scharrern, Pochern, gern auch mit den Summern und Pfeifern und Hallo-Rufern – falls denn noch eine Tournee nötig ist. Jedes Altersheim, auch dieses hier, in dem ich wohne, wächst allmählich zu seinem eigenen Orchester heran und spielt ohne Unterlass seine närrische oder, wie Carrière sagen würde, existenzialistische Symphonie.

Vielleicht wäre ich als Dirigent geeignet? Es würde mir Spaß machen! Ich könnte bedeutungsfrei auf dem Pult hin und her wippen. Die natürliche Unruhe bringe ich mit. Schon in den frühen Zeiten meiner Zerstreutheit habe ich es keine zehn Minuten am Schreibtisch ausgehalten, ohne aufzustehen und im Raum herumzuwandern. Fast immer bin ich anschließend an meinen Arbeitsplatz zurückgekehrt. Jetzt würde ich vermutlich wie der wunderlich gewordene Maestro Otto Klemperer mitten im Stück das Pult verlassen, mit dem lobenswerten Unterschied, dass meine Musiker ohnehin kein Dirigat bräuchten.

Deren Uhrwerk tickt von allein, wie meines auch. Hörst du es ticken? Irgendwann ist die Uhr aufgezogen worden, nun zeigt sie schon eine Weile nicht mehr die vereinbarte Zeit an. Doch sie schnurrt weiter und lässt sich nicht anhalten. Ping, ping, ping, poch, poch, poch, klack, klack, klack. Man muss warten, bis sie von selbst stehen bleibt.

Besuch

Es hat Epochen gegeben, da mochten die anderen nicht warten, zumindest nicht bei gespenstischem Ticken. Solche Fälle gibt es auch hier. Wahrscheinlich trage ich an manchen Tagen selbst dazu bei, wenn ich unten sitze, im Aufenthaltsraum mit dem großen Fernseher, auf dem die

Soaps laufen, neben dem beleuchteten Aquarium, gleich hinterm Eingangsbereich. Wenn ich dort auf dem Sofa sitze und mit einem Finger auf die Lehne klopfe, und jemand kommt herein, und ich schaue in seine Richtung, schaue ohne Wunsch und ohne Abwehr, ohne Anhaftung und ohne Widerstand, in grundloser Leere – dann kann es sein, dass du, falls du hereinkommst und diesen Blick siehst und das Pochen hörst, umkehren möchtest und wieder hinauslaufen willst.

Einverstanden. Das ist in Ordnung. Es kann sein, dass du um diese Zeit unseren Freunden sagst: »Wenn ihr ihn noch mal sehen wollt, dann wäre jetzt die richtige Zeit.« Mit dem Hinweis auf meine Eltern habe ich solche Sätze zuweilen gesagt. Sie lösen Furcht und Abwehr aus, unnötigerweise. Die meisten Freunde werden dir versichern, dass sie in den Kalender schauen wollen, wann es mal passt. Aber es wird schwierig für sie sein, passende Termine zu finden.

Falls du sie triffst – sie rufen dich vorsichtshalber nicht mehr an –, falls du ihnen also zufällig begegnest, nach ein paar Wochen oder Monaten, und sie sind immer noch nicht bei mir gewesen, werden sie sich zu einer Erklärung genötigt fühlen. Die Zeit sei überraschend schnell vergangen, man habe gerade Weihnachten gefeiert und bereite sich schon wieder darauf vor.

Das sowieso. Aber ihnen wird noch etwas anderes einfallen. »Ich möchte ihn nicht stören.« Oder: »Er ist so anders geworden, das geht mir einfach zu sehr ans Herz.« Und: »Ich bewundere dich, wie du das machst, das finde ich großartig, aber ich halte diesen Anblick nicht aus.« Und besonders überzeugend: »Ich möchte ihn so in Erinnerung behalten, wie er mal war.« Vielleicht hörst du auch einen Gedanken heraus, der nicht ausgesprochen wird: »Der bekommt eh nichts mehr mit.«

Dagegen ist nichts zu sagen. Denn all das ist wahr. Und es ist vollkommen im Einklang mit der Natur. Wenn ein Tier ins Gebüsch kriecht, um sein Leben auszuhauchen, bekommt es auch keinen Besuch mehr. Kein einstiger Spielgefährte schnaubt fürsorglich etwas Wärme aus oder legt sich tröstend daneben oder deckt es mit Blättern zu. Nicht einmal der Partner. Allenfalls Ameisen finden sich ein. Oder ein schwarzer Vogel flattert herbei und wartet.

Wenn also niemand zu Besuch kommt, dann ist das biologisch untadelig. Dieser Umstand bekommt das Ökotest-Gütesiegel und ist vom Umweltministerium als besonders nachhaltig abgesegnet. Und falls jemand herbeiflattert, etwa um auf die Generalvollmacht zu warten, ist das ebenfalls pure Natur.

Mein Vater hat seine Frau nie in ihrem Altersheim besucht. »Ich kann diese leeren Gesichter nicht ertragen!«, rief er. Jeder hatte Verständnis, obgleich auch sein eigener Blick sich um diese Zeit zu leeren begann. Eine Haushälterin bekam den Auftrag, meine Mutter am Nachmittag zum Tee abzuholen, zu ihm zu bringen und um die Stunde des Abendessens wieder ins Heim zu fahren. Das ging gut, bis meine Mutter nicht mehr einsah, warum sie meinen Vater besuchen sollte, zumal sie ihn gar nicht kannte. Mich, ihren Sohn, erkannte sie noch, wenn auch nicht mehr als den, der ich zu sein glaubte.

»Reni!«, jubelte sie, als ich sie in ihrem letzten Herbst in einem dämmrigen Gang des Heimes traf. Sie hatte sich einer jungen Pflegerin angeschlossen, die im Souterrain die Wäschekammer bestückte. Dieser Pflegerin folgte sie in ihrem letzten Jahr treu und beharrlich und möglichst überallhin, wie ein kleines Kind seiner Mutter folgt oder wie die kleine Graugans dem Forscher Konrad Lorenz folgte, der sich in seiner späten, gedächtnislosen Zeit wiederum einer geduldigen Pflegerin anschloss.

Angehörige sind zuweilen eifersüchtig, wenn sie das beobachten. Besonders, wenn sie selbst nicht mehr erkannt werden. »Reni« also nannte mich meine Mutter.

»Aber Frau Bittrich!«, ereiferte sich die Pflegerin. »Das ist doch Ihr Sohn!«

Meine Mutter lächelte unbeeindruckt. Und ich war einverstanden, Reni zu sein. Reni war ihre Schwester gewesen, der ich tatsächlich ähnelte. Und natürlich – der Sohn meiner Mutter konnte ich gar nicht sein, schon deshalb nicht, weil sie längst in das Alter zurückgekehrt war, in dem sie noch keine Kinder bekommen konnte. So sah sie mich also an, in mädchenhafter Freude und mit demselben heiteren Gleichmut, der auf den meisten Fotos ihres Lebens zu erkennen ist.

Blicke

Doch es gab auch Nachmittage, an denen sie mich keines Blickes würdigte. Da ging es mir so wie dir jetzt. Ich trat durch die gläserne Schwingtür in den Aufenthaltsraum, in dem stets ein paar Heimbewohner hockten und in zerlesenen Zeitschriften blätterten oder schweigend zu warten schienen. Meine Mutter saß auf einer Polsterbank und studierte mit konzentriertem Interesse ein Buch.

Ich trat zu ihr, sie ließ sich nicht stören. Ich setzte mich neben sie, sie bemerkte es nicht. Ich sagte scherzhaft: »Guten Tag, Frau Bittrich!« Sie fuhr ungerührt fort in ihrer Lektüre, von der sie nicht ein einziges Wort hätte wiedergeben können. Ich sagte noch etwas, bestellte vielleicht Grüße von ihrem Mann, indem ich seinen Vornamen nannte, Grüße, die nirgendwo landeten. Manchmal blieb ich ein bisschen sitzen, gerade lange genug, dass mich die Pflegerinnen sehen und für einen fürsorglichen Sohn halten konnten; dann fuhr ich nach Hause.

Zuweilen fiel mir ein, dass sie nicht mehr Frau Bittrich war, sie war ja noch gar nicht verheiratet, also versuchte ich: »Heidi, weißt du, wo Reni ist?« Und nun, wenn auch nicht immer, aber doch ab und zu, sah sie auf, und wenn ich meiner Stimme genügend Überzeugungskraft gab, bestand gute Aussicht, dass wir zusammen spazieren gingen.

Wenn wir den Raum der Wartenden verließen und durch die Schwingtür nach draußen gingen, wenn für einen Augenblick die sonnenwarme Luft hereinströmte und sich der Blick auftat zu den Blumenrabatten längs der Auffahrt und in die Ferne, wo der Wind die Kronen der Bäume wiegte, dann kam es mir vor, als sähen die anderen Bewohner uns nicht gleichgültig nach, sondern als beneideten sie meine Mutter, weil sie abgeholt wurde.

Heute, da ich selbst in dieser Situation bin, weiß ich, dass das wenig wahrscheinlich ist. Neid setzt einen Wunsch voraus. Damit Neid aufkeimt, muss noch das Streben nach Glück in den Adern pochen, begleitet von der ewigen Vermutung: Anderswo ist, was mir fehlt. Doch in der Gedächtnisfreiheit ist kein Streben mehr. Die Erinnerungen an all die irrigen Glücksversprechen sind erloschen. Da ist nichts anderes mehr als Gegenwart, und die Gegenwart verspricht nichts, sie hält alles.

Wunschlos. Daher der geleerte Blick. Wer Wünsche hat, greift mit seinem Blick nach draußen und versucht etwas hereinzuraffen oder wenigstens zu orten. Der sucht noch, was gefällt, um es zu bekommen; und was nicht gefällt, um es fernzuhalten. Dass es dieses Suchen und Greifen nicht mehr gibt, bemerkte ich zuerst im Altersheim meiner Mutter. Daher die innere Bewegungslosigkeit und nach außen der unbewegte Blick. Das war es, was meinen Vater erschreckte und wovor meine Freunde jetzt zurückscheuen.

Mir war die Kulisse recht. Bei meinen Besuchen kam ich mir schwungvoll vor, hereinwehend als frische Brise, von der die stumme Schar allerdings unbeeindruckt blieb. Ich grüßte mit sprudelnder Munterkeit und fühlte mich jung.

Ich nehme an, du kennst das inzwischen. Es gibt bei einem Besuch hier nur diese beiden Möglichkeiten. Entweder du fühlst dich verjüngt und wirst dir vor dem schattigen Hintergrund deiner Beweglichkeit und Leuchtkraft bewusst. Oder du wirst ausgebremst; die Dynamik, mit der du hereinkommst, lässt sich nicht halten.

Das kann vorkommen. Deine Energie wird getestet, und auf Dauer wird sie den Test vielleicht nicht bestehen. Hier ist alles zur Ruhe gekommen. Diese Ruhe holt dich allmählich aus deinem Schwung. Du spürst, wie unecht der Schwung war. Er täuschte Lebendigkeit lediglich vor. Komm her. Setz dich. Komm zu uns.

Hexenzauber

Die Karotte, die vor dem Esel hängt, schafft die Bewegung«, hatte Emerson geschrieben. »Die Karotte, die er nie erreichen wird, lässt ihn rennen; deshalb zieht er den Wagen.«

Die korrekte deutsche Übersetzung für »Eselskarotte« heißt »Glück«. Das Versprechen des Glücks schafft die Bewegung. Die Illusion, dass da etwas zu erreichen ist, lässt alle Esel laufen. Überall dort zumindest, wo an Illusionen geglaubt wird. Natürlich nicht in der Welt der Gedächtnisfreien. Illusionen funktionieren nicht mehr im Aufenthaltsraum eines Altersheims.

Zauberkünstler kommen nicht an. Kein Motivationstrainer könnte hier seine Tricks zur Wunscherfüllung verkaufen. Kein Pfarrer könnte jemanden von der Existenz Gottes überzeugen. Auch der Glaube ist etwas Mentales, und wenn das Mentale fadenscheinig wird, verflüchtigt er sich. »Ich bin noch da«, teilte Emerson mit, als er schon nicht mehr wusste, wer er war. »Aber alles, was ich gedacht habe, ist verschwunden.«

Darüber lächelte er. »Wie ein Kind«, notierte Whitman. Auch meine Mutter lächelte, wie sie als kleines Kind gelächelt hatte – ohne eine Idee vom Sinn des Lebens, ohne eine Idee von Moral und höheren Sphären, ohne Idee von einer Person, von etwas zu Erstrebendem oder zu Vermeidendem, einfach nur so.

Epochen, in denen der Glaube die Grundlage der Taten und der Untaten war, hatten es schwer mit dem bewegungslosen Blick. Dafür hatten sie es leicht mit der Entsorgung ihrer Alten. Sie verbrannten sie einfach. Als im 16. Jahrhundert die Lebenserwartung in Mitteleuropa gestiegen war und immer mehr Menschen länger lebten, als sie nützlich waren, verbreitete sich die Idee mit den Teufelsbündnissen und den Scheiterhaufen. Sie leuchtete den Jüngeren ein.

Nimm mich als Beispiel. Sieh mich an, wenn mein Blick nach nichts greift, wenn er dich anzustarren scheint, während er in Wahrheit nach innen geht oder nicht einmal das – das kann unheimlich wirken. Und wenn du ein kleines Kind auf dem Arm tragen würdest, und das Kind hätte am Tag danach Fieber, dann könntest du den Gedanken nicht ganz fernhalten, ein Besuch bei mir sei schädlich, und mein Blick sei ein Fluch. Vor ein paar Hundert Jahren hättest du den Pfarrer gefragt. Und der hätte sicher den Hexenjäger geholt.

Ich kam ins Altersheim meiner Mutter und sah die alten Frauen, teils mit Nasen, vor denen Hänsel und Gretel Reißaus genommen hätten. Ihre Augen begegneten meinem Blick, ohne ihn zu erwidern. Von meinem Lächeln ließen sie sich nicht bestechen. Bei meinem Gruß blieben sie stumm oder murmelten rätselhaft vor sich hin. Ich begriff die Angst eines teufelsfürchtigen Zeitalters. Diesen Gestalten einen frevelhaften Satz abzuluchsen, wäre ein Leichtes gewesen. Zum Christentum hätten sie sich kaum noch bekennen können. Ein Bündnis mit der Hölle abzustreiten, wären sie nicht in der Lage.

Zur unterhaltsamen Steigerung gibt es ehemals feine Bürgerinnen, die sich bis zum Abebben der Erinnerung als Meisterinnen der Konversation auszeichneten und nun schieres Teufelszeug von sich geben. Weil sie ihre Rolle vergessen haben, fühlen sie sich befreit vom Diktat gesellschaftlicher Erwartungen und posaunen lautstark hinaus, was sie schon immer hatten sagen wollen. Bei juwelenbehängten Ladys wie der Wohltäterin Brooke Astor wurden die bösen Worte von der Öffentlichkeit mit schauderndem Vergnügen ausgekostet. Bei Mutter Teresa fanden es die Mitschwestern bestürzend, die Journalisten lustig. Prinz Philip wurde nach seinem fünfundachtzigsten Geburtstag streng unter Verschluss gehalten. Schade. Ein lässigerer Umgang der Familie hätte ein Vorbild abgegeben für alle Angehörigen, die sich der scheinbaren Wesensveränderung ihrer lebenden Ahnen schämen.

Einem Zeitalter, das sich seiner Alten entledigen wollte und das noch den Teufel zur Verfügung hatte, waren die

Verwirrungen der Betagten hochwillkommen. Sie brauchten nicht einmal zu sprechen. Sie brauchten nur leer zu blicken oder Geräusche zu machen. Emerson wäre angeklagt worden, mit seinen ewigen Halbkreisen geheime Botschaften an teuflische Wesen zu senden; der Halbkreis hätte das Horn des Teufels symbolisiert. Paul Newman hätte man der Teufelei bezichtigt mit seinen geheimnisvollen Pochsignalen; vermutlich nahm er über die Sessellehne zu Klopfgeistern Verbindung auf, und er rief die unsichtbaren Scharen zusammen. Denn natürlich gab es auch Hexer, wenngleich Männer bereits in höllengläubiger Zeit über eine geringere Lebenserwartung verfügten als Frauen und weniger Gelegenheit hatten, sich verwirrt und gedächtnislos zu präsentieren.

Sundowning

All das ist nicht so weit weg. Orientierungslose bleiben unheimlich und bisweilen beängstigend. Mir schwankte der Boden, wenn meine Mutter, die ich zu kennen meinte, sich wunderte, in was für einem Haus sie sich befand – in dem, in dem sie seit Jahrzehnten mit meinem Vater wohnte –, und wenn sie mich dann aufforderte, sie mitzunehmen nach Hause oder gar zu ihrem Mann, der derweil höchst lebendig danebenstand. Sie ließ sich nicht davon abbringen. Sie war von ihrer Wahrheit so überzeugt wie wir von der unsrigen. Ja, sie war so felsenfest sicher, dass wir Erschütterbaren unsere Sicherheit verloren. Doch wir lernten durch

Übung. Meist genügte es, sie mitzunehmen auf einen kleinen Spaziergang.

»Komm«, sagte ich und nahm sie am Arm, »ich bringe dich nach Hause.« Nach hundert Metern schlug ich einen kleinen Bogen, wir wendeten und gingen wieder auf das Haus zu, von dem wir eben aufgebrochen waren.

»Ah, da sind wir ja!«, freute sie sich. In der erleuchteten Tür stand mein Vater. Sie umarmte ihn erleichtert.

Meist geschah das abends. Ich erzähle dir nur davon, damit du dich nicht wunderst. Wenn du mich gegen Abend besuchst, kann es sein, dass ich am Fahrstuhl stehe.

»Dietmar! Wo willst du denn hin?«

»Nach Hause.«

Vielleicht schmerzt dich diese Antwort. Aber das ist unnötig. Siehst du die anderen, die sich am Fahrstuhl versammeln? Sie wollen alle nach Hause. Das ist so, wenn die Sonne untergeht. Die Pfleger nennen es Sundowning. Es ist eine Erinnerung an die Kinderzeit. Wir müssen heim, wenn es dunkel wird. Die Eltern warten. Es hat nichts damit zu tun, dass du mich hierhergebracht hast. Und selbst dies – dass ich ins Zuhause der Kinderzeit zurückwill – wird vorübergehen. Es ist nur ein Zwischenschritt auf dem Weg zur Erkenntnis, dass ich schon immer zu Hause war.

Bis dahin wird es genügen, wenn du mit mir in den Fahrstuhl steigst und nach unten fährst und durch die Empfangshalle gehst und mich nach draußen begleitest und wenn du mich dort am Arm nimmst und einmal ums Rasenrondell führst. Weil es schon dämmerig ist, werde ich froh sein, wenn wir auf das große erleuchtete Haus zuschreiten.

»Was wollen wir denn hier?«, frage ich vielleicht.

Du wirst sagen: »Das ist ein Hotel. Hier werden wir heute übernachten.«

Für mich ist das in Ordnung. Ich schlafe gern im Hotel.

Und dass du dich beizeiten verabschiedest und keineswegs bei mir bleibst, wird mich nicht wundern. Du kannst sicher sein, dass ich niemals sagen werde: »Aber vorhin hast du etwas anderes gesagt!« Ich lebe nicht mit dem, was sein sollte. Ich lebe mit dem, was ist. Ich bin damit einverstanden. Es geht mir gut.

Ich schreibe das hier auf, damit du dir keine Vorwürfe machst. »Die Wirklichkeit ist immer gütiger als die Vorstellung von ihr«, notierte Arthur Schopenhauer. Als Hebbel ihn im Alter besuchte, in Gesellschaft des jungen Erdvermessers Wilhelm Jordan, erschraken die beiden beim Anblick des verehrten Philosophen. Offenkundig war er verwirrt. Seine Antworten hatten mit ihren Fragen nichts zu tun. Aber er lächelte. Sie deuteten es als Zeichen seiner Verstörung. Doch die Wirklichkeit ist gütiger als die Vorstellung von ihr. Es war ein Zeichen des Glücks.

»Ich habe einen Horror vor dem Heim!«, rief mein Vater. Als er dann eingezogen war, fühlte er sich wohl. Und so geht es auch mir. So geht es allen. Irgendwann mussten die Tiere aus dem Hundert-Morgen-Wald schweren Herzens Pu den Bären ins Altersheim bringen. Und siehe da, er hat dort weiterhin seinen Honig bekommen und hat wohlig seinen Bauch gestreichelt, und mehr bedarf's nicht. Irgendwann musste Schulleiter Dumbledore in die Pflegeabteilung von Hogwarts umziehen, spätestens, als er auch die schlichtesten Zaubertricks vergessen hatte, etwa Wasser in Wein zu verwandeln. Er hat sich dann mit der Realität zufriedengegeben. Irgendwann musste Mogli seinen Lehrer Balou im Pflegeheim der Dschungeltiere abgeben; und Balou hat es sich dort herrlich gemütlich gemacht. Lukas, der Lokomotivführer, soll im Alterssitz für Eisenbahner sehr hübsch die Pfiffe seiner Emma nachgeahmt haben, immer dann nämlich, wenn er eine Spielzeuglokomotive aus Plastik auf dem

Gartenmäuerchen des Heims hin und her schob; einen dunkelhäutigen Besucher namens Jim erkannte er längst nicht mehr. Für Obelix stellte die Seniorenresidenz Gallia ein paar Hinkelsteine aus Pappmaschee zur Verfügung. Bis zu seinem Ende soll er sie liebevoll hin und her getragen haben. Das geräucherte Tofu konnte man ihm ohne Weiteres als Wildschweinbraten unterschieben. Der greise Michel aus Lönneberga fällt im Heim dadurch auf, dass er den Kopf in die Suppenschüsseln anderer Bewohner steckt. Es ist ihm nicht mehr auszutreiben. Auch Pettersson war, wie wir wissen, längst überfällig und wird verständlicherweise nur noch selten von Findus besucht. Und wer hat eigentlich dem Alpöhi zuletzt die Windeln gewechselt? Heidi? Nach neueren Recherchen war es die Diakoniestation in Ragaz.

Ich erzähle dir das alles nur, damit du nicht erschrickst, wenn du kommst. Damit du kein schlechtes Gewissen hast. Wirklich, es ist gut, dass du mich hier abgegeben hast. Falls du es warst. Ich weiß, die meisten Angehörigen machen sich Vorwürfe. Deshalb mochtest du die Entscheidung nicht alleine fällen. Du hast dich sogar dagegen gewehrt. Jemand musste dich drängen. Wer war es? Nicolas Nowack? Die Kinder? Die Nachbarn? Sie haben gut daran getan.

Irgendwann hast du dich ins Auto gesetzt, hast dir ein paar sogenannte Einrichtungen angesehen und dir die Prospekte mit den freundlichen Bildern mit nach Hause genommen. Bei zwei akzeptablen Heimen hast du einen Vormerkbogen ausgefüllt. Man hat dir versichert, dieses Vormerken sei völlig unverbindlich. Als plötzlich der Anruf kam, durchfuhr dich ein Schrecken. »Es ist so weit, wir haben einen Platz frei.« Da ist jemand gestorben, hast du gedacht, deshalb ist das Zimmer frei, und nun bringe ich Dietmar hin.

Jedenfalls kam der Anruf zu früh. Er kommt immer zu früh. Du wolltest zurückrudern: Jetzt noch nicht. Du wolltest keine Schuld auf dich nehmen. Du wolltest dich nicht rechtfertigen müssen vor Verwandten und Freunden. Wenn ich vorher gestorben wäre, wäre dieser Schritt nicht nötig geworden. Aber etwas in mir tickte weiter und tickt noch immer.

Erholung

Den Tag, an dem ich meine Mutter ins Pflegeheim brachte, empfand ich als den grausamsten meines Lebens. Meinem Vater ging es genauso. Die Nacht vorher hatten wir beide, ich in Hamburg, er in der Heide, schlaflos verbracht. Unbezwingbar und nicht fortzureden war das Gefühl, dass wir etwas Schlechtes taten. Wir schoben unsere nächste Angehörige ab, um selbst mehr Freiheit zu haben. Es fühlte sich an wie Verrat, für meinen Vater dazu noch wie eine Niederlage.

»Wir probieren es nur aus«, beruhigten wir einander. »Sie kann jederzeit wieder zurück.«

In Wahrheit spürten wir, dass ein Lebensabschnitt unwiderruflich zu Ende ging: nicht nur die Ehe, sondern die Zugehörigkeit meiner Mutter zum Leben. Darin täuschten wir uns, aber das konnten wir an dem Tag noch nicht wissen.

Der 1. Dezember hatte dunkel begonnen und blieb dunkel hinter Vorhängen aus Nieselregen. Die Autobahn versank unter Wasserschleiern. In den weiten Mulden der Heide blieb der Nebel liegen. Es wurde einfach nicht hell.

Als ich eintraf, hatten die beiden gerade ihr Essen auf Rädern verspeist. Also. Jetzt war es so weit. Mein Vater sah verweint aus. Meine Mutter begriff nicht, warum. Ich sagte lahm: »Hast du Lust auf eine Spazierfahrt?«

Ja, das hatte sie. Unternehmungslustig kletterte sie ins Auto. Hinter ihr verstaute ich den Koffer, den die Haushälterin gepackt hatte. Wer war auf diese Weise wohin gefahren worden? Der Hund zum Einschläfern? Das Kind zu den Pflegeeltern? Das Pferd zur Abdeckerei?

Für die Heimleiterin hatte unsere Ankunft nicht die geringste Besonderheit. Sie kam nicht auf den Gedanken, einer von uns könnte Trost und Beruhigung brauchen. Sie schob mir einige Bögen über den Tresen, die ich auszufüllen hatte, und zog Personalausweis und Krankenkassenkarte ein. Unter vier Augen riet sie mir, möglichst bald den Status des Betreuers zu beantragen.

Meine Mutter blätterte unbeteiligt in einer trübsinnigen Illustrierten. Hinter ihr öffnete sich das Reich der gebohnerten Gänge mit abwaschbaren Möbeln und gerahmten Kalenderblättern, mit Hydrokultur-Bäumchen in Nischen und zwei Aufenthaltsräumen voller Tische ohne Tischdecken und mit Kunstblumen besteckter Plastikvasen. Mittag war vorbei. Ich sah lediglich eine einzige Bewohnerin, diese aber immer wieder; sie schob ihren Rollwagen von einem Ende des Ganges zum anderen und wieder zurück. Damals wusste ich nicht mehr, wie schön es sein kann, einen Wagen hin und her zu schieben. Ich hatte es vergessen, denn als Kind hatte ich endlos meine Karre vor mir her geschoben, später einen Bollerwagen gezogen, ohne Sinn, und niemand fand das bedauerlich, am wenigsten ich selbst, ich war glücklich.

Das Zimmer meiner Mutter war laut Vertrag dreizehn Quadratmeter groß. Mir schien es zellenhaft klein. Tisch, Bett, Stuhl. Wir benötigten noch Bilder, eine Stehlampe, ein Leselicht, einen Fernseher. Vor der Tür hörte ich die Rollwagenschieberin wenden, alle acht Minuten. Sie stieß jedes Mal gegen denselben Stuhl. Meine Mutter studierte leise artikulierend den mehrsprachigen Bildband über Pommern, den sie schon hundertmal betrachtet hatte. Nur war sie jetzt offenbar zum kyrillischen Text übergewechselt. Erstaunt bemerkte ich, wie sie ihren Zeigefinger Zeile für Zeile durch die Spalten mit den fremden Buchstaben schob. Dazu murmelte sie leise und unentschlüsselbar vor sich hin.

Russisch hatte sie nie gelernt. Aber wer weiß. Über Mao Tse-tung hatte ich gelesen, dass er in späten Jahren mit seiner eigenen Sprache nichts mehr anfangen konnte, dafür jedoch das unentzifferbare Indisch zu lesen begann. Er äußerte sich nicht mehr, in keiner Sprache, oder jedenfalls nicht so, dass jemand daraus schlau werden konnte. Er las auch nicht laut. Doch maoistische Schriften aus Andhra Pradesh und Assam, später auch indische Zeitungen, wurden fortan zu seiner ausschließlichen Lektüre. Stolze Inder hielten das für ein Durchscheinen einer früheren Inkarnation. Ich beschloss, meiner Mutter weitere kyrillische Bücher zu besorgen.

Ich stellte ein gerahmtes Foto auf, das sie mit meinem Vater zeigte. Ich schenkte ihr ein Glas Wasser ein. Manchmal sagte ich etwas, das sie als Laut einer vertrauten Stimme zur Kenntnis nahm. »Du musst viel trinken.« Der Kreis schließt sich, dachte ich. Deine Mutter hat dich einst zum Kindergarten gebracht und ist ein bisschen geblieben, um zu sehen, ob du dich eingewöhnst, und hat dir gut zugeredet. Jetzt bringst du sie auf dieselbe Weise ins Pflegeheim und bleibst noch ein bisschen sitzen, um zu sehen, ob sie sich eingewöhnt, und redest ihr gut zu.

Ich wollte sie noch nicht ganz dalassen. Noch einmal brach ich mit ihr auf. Wir kauften Kuchen in ihrer opulenten Lieblingskonditorei, die sie überrascht und mit Kinderaugen anstaunte, und fuhren die drei Kilometer zu dem Haus, in dem sie die letzten dreißig Jahre gelebt hatte. Sie betrachtete es mit Wohlgefallen und begrüßte meinen Vater als guten Bekannten – doch, ja, diesen Mann kannte sie.

In den vergangenen Jahren war mein Vater unmerklich in die Position des Pflegers gewachsen. Ich hatte wenig davon wissen wollen, bis mich die Gemeindeschwester zu einem Gespräch bat. Der Landarzt bestätigte ihre Diagnose, machte sich allerdings mehr Sorgen um meinen Vater als um meine Mutter. Die war ja stets guter Dinge. »Wenn ich das erste Mal zu so einem Paar komme«, erzählte er, »und die beiden erwarten mich in der Tür, dann weiß ich: Der bleiche, sorgenvolle, erschöpfte Mensch ist der gesunde; die rosige, heitere, lächelnde Person daneben – das ist die, für die ich Medikamente aufschreiben soll.«

Er hatte verschiedene Gedächtnispräparate ausprobiert. Sie hatten die Entwicklung möglicherweise verzögert. Vielleicht war alles unbeeinflussbar abgelaufen.

»Lass uns ins Heim fahren, nur kurz, damit du siehst, wie sie wohnt«, drängte ich meinen Vater. Er fügte sich. Das Gebäude betrat er wie eine Haftanstalt. Es blieb sein einziger Besuch. Als er sich in den beleuchteten Gängen umsah und mit banger Höflichkeit die undeutbaren Gestalten grüßte, die stumm um einen Tisch saßen, erhob sich plötzlich eine davon, glücklich auflachend, als kenne sie ihn, und wollte ihn herzlich umarmen. Es ging so schnell, dass er es geschehen lassen musste, unter beschwichtigendem Schulterklopfen, bevor er sich dankend herauswinden konnte.

Auch im Zimmer meiner Mutter mochte er nicht lange bleiben. Ich half ihr aus dem Mantel; er behielt seinen an. Wir saßen am kleinen Tisch; sie auf dem einzigen Stuhl, wir auf dem Bett. Ich erklärte ihm, was ich zur Aufbesserung des Zimmers besorgen wollte. Er mochte es nicht hören. Als wir aufbrachen, wollte meine Mutter ebenfalls ihren Mantel anziehen.

»Nein«, sagten wir. »Du bleibst jetzt hier.«

»Was?«

»Du bist hier zur Kur«, fiel mir ein. Und während ich ihr den Mantel wieder aus der Hand nahm und auf den Plastikbügel mit der Anschrift des Seniorenheims hängte, behauptete ich: »Nur ganz kurz. Ich glaube, es wird dir gefallen.« Ein paar Jahre später sagte ich genau dieselben Worte zu meinem Vater. Ich nehme an, vor kurzem hast du sie zu mir gesagt.

Meine Mutter sank zurück auf ihren Stuhl. »Zur Kur?«, sprach sie mir ungläubig nach. So viel immerhin wusste sie doch, dass sie keine Kur benötigte.

Mein Vater beugte sich zu ihr und sagte: »Du bist hier zu deiner und meiner Erholung!«

Darüber lachte sie unentschlossen. Aber sie blieb sitzen. Wir winkten und drückten uns aus der Tür. Als wir um das Haus herumgingen und durch das Fenster spähten, las sie bereits kyrillisch mit hingebungsvoller Konzentration.

Weltmeister

Ich erinnere mich an eine Bilderseite in der französischen Sportzeitung *L'Équipe*. Sie war dem Radrennfahrer Philippe Thys gewidmet und zeigte chronologisch seine Karriere: vom allerersten Fahrrad, einem Dreirad, bis zu seinem letzten, das noch dasselbe Rennrad war, mit dem er zum dritten Mal die Tour de France gewonnen hatte. Philippe Thys war der Erste gewesen, der die Tour drei Mal gewonnen hatte. Für das Zeitungsporträt waren nicht nur Bilder von Triumphen ausgewählt worden, vorwiegend jedoch Fotos, auf denen er strahlte. Das Strahlen auf dem Bild mit dem Dreirad und das Strahlen auf dem letzten Bild mit dem ramponierten Rennrad war das gleiche.

Zur Zeit, als diese Ausgabe vob *L'Équipe* erschien, wusste der alte Champion nicht mehr, wie man in die Pedale tritt und wie man im Sattel sitzt und das Gleichgewicht hält, zumal er den Sattel verkehrt herum aufmontiert hatte. Doch er beschäftigte sich noch voller Freude mit diesem eigentümlichen Gegenstand. Er hatte den Vorderreifen aus dem Rahmen gelöst und die Luft herausgelassen. Verzückt hatte er, wie der Reporter beschrieb, dem Geräusch der entweichenden Luft gelauscht, bis zum letzten feinen Zischen. Dann hatte er den Reifen wieder aufgepumpt. Und die Luft wieder herausgelassen. Und wieder aufgepumpt. So wie Kinder es mit einem Luftballon tun; nur dass dort die Eltern das Aufblasen übernehmen.

Alte Tour-Fans kommentierten das letzte Bild des Champion mit Erschütterung; dieses Fotofinish schien den Glanz der vorherigen Bilder zu annullieren. War denn alles darauf hinausgelaufen? War dies das Ziel gewesen? Ja. Aber annulliert wurde dadurch nichts – außer der Bedeutung alles Vorherigen. Nichts war jemals bedeutend gewesen; diese Wahrheit wurde allerdings offensichtlich. Glücklich war der Tour-Sieger erst jetzt. »Werdet wie die Kinder.« Er hatte das Gebot erfüllt.

Dem greisen Henry Ford versuchte man das Erinnerungsvermögen zu stärken, indem man ihm für die Übertragung eines Autorennens ein Fernsehgerät ins Zimmer stellte. Modelle aus seiner Fabrik waren an der Drivers' Championship beteiligt. Tatsächlich verfolgte der alte Unternehmer das Rennen mit staunender Neugier. Vor allem interessierte ihn, wohin die Autos fuhren, die am rechten Bildrand verschwanden. Schwerfällig erhob er sich und untersuchte das Gerät. Wo im Zimmer fuhren sie nun herum, die den Apparat doch offensichtlich verlassen hatten? Er bemühte sich, hinter die Glasscheibe zu schauen, denn drinnen rasten noch immer etliche Rennwagen im Kreis. Als er beginnen wollte, die Rückwand aus Bakelit abzureißen, eilte eine Krankenschwester hinzu und beendete das Vergnügen durch eine Knopfdrehung. Schade. Ford war ein Kind geworden. Aber auch einem Kind kann man nicht alles erlauben, was sein Forschergeist ihm befiehlt.

Im Heim meiner Mutter beobachtete ich einen ergrauten Gentleman mit zerfurchter Stirn, der sich vor dem Essen und nach dem Essen damit beschäftigte, eine Papierserviette zu falten, keineswegs beliebig, sondern zu einer abstrakten geometrischen Form. Sobald er zufrieden war, breitete er die Serviette wieder auseinander und strich sie glatt, um sie aufs Neue zu falten und danach abermals glatt zu streichen.

»Wissen Sie nicht, wer das ist?«, raunte die Pflegeleiterin. Den Namen, den sie nannte, hatte ich nie gehört. »Das war ein ganz großer Gedächtniskünstler!«

Ich fand ihn im Web. Er hatte mehrere Meisterschaften gewonnen. In der mir unbekannten Disziplin des Binärzahlen-Merkens hatte er einen Weltrekord aufgestellt, der erst vor Kurzem übertrumpft worden ist. Auf öffentlichen Veranstaltungen, häufig bei Messen, lernte er in den Raum geworfene Zahlen auswendig. Die Zuschauer durften, im Abstand von zwei Sekunden, je eine einstellige Zahl rufen; jemand schrieb mit. Nach sieben Minuten gab der Gedächtniskünstler die Ziffern, die nun eine zweihundertstellige Zahl ergaben, in der perfekten Reihenfolge wieder. Er war in der Lage, sich im Vorübergehen Namen und Gesichter von hundert Leuten einzuprägen und sie am Ende korrekt einander vorzustellen. Er memorierte mehrere Decks bunt gemischter Spielkarten. Er wiederholte eine endlose Liste zufällig ausgewählter Wörter. Zehnseitige Texte, die ihm nur ein Mal vorgelesen wurden, gab er fehlerfrei wieder. Er spielte mit verbundenen Augen Schach, zog im Kopf die Wurzel aus fünfzigstelligen Zahlen und nannte die Wochentage zu wahllos in den Raum geworfenen historischen Daten.

Jetzt faltete er Servietten. Das war das vorzeigbare Resultat eines lebenslangen Gedächtnistrainings. Er war erst siebzig. Im Altersheim fand einmal in der Woche ein viel bescheideneres Gedächtnistraining statt, geleitet von einer rundlichen Ergotherapeutin. Er nahm daran teil, brachte es aber, im Gegensatz zu meiner Mutter, zu keinen nennenswerten Ergebnissen mehr. Das liege daran, erklärte mir die Therapeutin, dass ihm die »Interaktion« fehle.

»Die Männer bleiben immer für sich«, rügte sie. »Die essen allein auf ihrem Zimmer und sehen fern und nehmen an den gemeinsamen Unternehmungen nicht teil.« Und etwas leiser fügte sie hinzu: »Auf die Weise schrumpft das Gehirn noch schneller!« Das ist natürlich Unsinn, aber ich habe es mir gemerkt.

Kirschtorte

Du bist meine Frau, oder? Du heißt Claudia, ja? Bleibst du zum Essen? Eher ungern? Das verstehe ich. Aber wollen wir nicht danach an einer Veranstaltung teilnehmen? Wegen der sozialen Interaktion? Ich weiß nicht, was heute auf dem Programm steht, Märchenlesung oder Singen oder Sitztanz. Andacht hoffentlich nicht.

»Möchten Sie etwas mitessen?«, wirst du von einer gutmütigen Pflegerin gefragt. Wenn ich mir den Kittel wegdenke, könnte es Pia Faller sein. Deine Antwort fällt etwas zu hastig aus: »Nein, danke, ich habe gerade gegessen.« Oder: »Schade, nein, ich faste gerade.« Sie nickt und lächelt. Solche Ausflüchte kennt sie. Du hättest auch ohne Entschuldigung ablehnen können. Alle Angehörigen schauen lieber zu als mitzuessen. Und selbst das Zuschauen kann schwerfallen. Du hast mich schon ein paarmal unschlüssig vor grüner Suppe sitzen sehen oder vor Kartoffelbrei mit brauner Sauce oder vor lauwarmem Rotkohl mit kalten Bratwürsten. Der Anblick täuscht. Die Wirklichkeit ist gütiger. Nicht nur das Riechvermögen lässt nach. Auch die Geschmackspapillen geben aus Barmherzigkeit ihren Dienst auf.

Voltaire, Ronald Reagan und Martin Heidegger mussten erst jenseits ihres achtzigsten Geburtstages gefüttert werden, Beethoven bereits jenseits des fünfundfünfzigsten. Leo Tolstoj erzählte immer dieselbe Anekdote, danach machte er nur noch den Mund auf, wenn die hölzerne Gabel heranfuhr, und auch dann nicht immer. Charlton Heston, ehemals Ben Hur, danach Spezialist für Handfeuerwaffen, starrte verblüfft das Gedeck an. Er nahm den Löffel – Messer und Gabel waren ihm entzogen –, drehte ihn, beäugte die Lichtreflexe und legte ihn wieder zur Seite.

Das Hungergefühl lässt nach. Der Durst ebenfalls. Ich soll immer trinken. Wozu? Um welche Zellen mit Feuchtigkeit zu versorgen? Von Pippi Langstrumpf, die jetzt um die achtzig sein müsste, habe ich gehört, sie kann sich kein Glas Wasser mehr einschenken. Sie betrachtet die Flasche, betrachtet das Glas und freut sich daran. Wie der Inhalt aus der Flasche ins Glas gelangen soll, vermag sie sich nicht vorzustellen. Allerdings soll Frau Langstrumpf schon sehr früh verschiedenfarbige Strümpfe angezogen haben und überzeugt gewesen sein, ihr Vater sei ein Negerkönig. Von dieser Sorte gibt es einige hier. Sie machen allesamt einen unbeschwerten Eindruck.

Es ist nett, wenn du ein wenig bleibst. Ich weiß, du wirst es nicht übel nehmen, wenn ich die Sachen auf dem Tablett wie ein Rätsel betrachte, das ich nicht lösen möchte. Beim Dessert greife ich desto beherzter zu. Wahrscheinlich, wenn du kurz rausgehst. Wenn du zurückkehrst, wird mein Gesicht möglicherweise so aussehen wie in einer Slapstick-Klamotte, in der eben die Torte geflogen ist. In meinem Fall handelt es sich um eine Schwarzwälder Kirschtorte. Du fragst dich, wie all die Krümel und die Schokolade und die Sahne und die Kirschfüllung in so kurzer Zeit dermaßen umfassend und gleichmäßig von den Haaren bis zu den Schuhen und von der Tischdecke bis auf den Fußboden verteilt werden konnten.

Du erinnerst dich an solche Szenen aus der Kindheit; vielleicht aus der eigenen. Spielen war schön, und alles war Spiel, bis man uns gesagt hat, dass mit bestimmten Dingen partout nicht gespielt werden darf. Das ist hier anders. Das Verbot fruchtet nicht mehr. Hier muss niemand mehr etwas dazulernen, hier darf vergessen werden. Und was am Ende übrig bleibt, ist ziemlich genau das, was am Anfang da war: unartikulierte Anwesenheit, ein leerer Raum, durch den die Wahrnehmungen wehen.

Aber vorher gehen wir noch zur Musik oder zur Märchenstunde, ja?

Die Ergotherapeutin im Heim meiner Mutter hatte übrigens recht. Zwei Tage nachdem meine Mutter dort eingezogen war, merkte ich bei einem Besuch, dass ich nicht vermisst wurde. Ich traf sie in einem Aufenthaltsraum, wo sie mit einer gleichaltrigen Dame am Tisch saß, einer Dame von ähnlichem Erinnerungsvermögen. Auch dieser Bewohnerin entzog sich das Ziel des Satzes, während sie noch den Anfang sprach. Trotzdem fand so etwas wie ein Gespräch statt. Ein Hin und Her von Worten: »Das ist es«, »bei diesem Wetter«, »unglaublich«, »sind Sie denn auch«, »das wäre ja was«, »toll«, »aber doch schön«. Manchmal waren es auch nur Laute. Zwei Beckett-Figuren. Auf einfache Weise verstanden sie sich. Sie nickten und lachten. Manchmal schienen die Fragmente einen ernsten Inhalt zu haben, dann wiegten sie gravitätisch den Kopf: »Oh, oh!« und »Ja, ja«.

Eine Weile stand ich unbemerkt dabei und lauschte und versuchte zu erraten, um was es ging oder ob es überhaupt um etwas ging außer um einen Austausch von Tönen und Stimmungen. Um zu erproben, ob ich als Teilnehmer akzeptiert wurde, warf ich unvermittelt ein »Ach so!« ein. Die beiden verstummten, als wäre diese Bemerkung nun ganz und gar unangemessen, und wandten sich langsam mir zu. Die andere Dame drehte zeitlupenhaft den Kopf hin und her; ich deutete es als Kopfschütteln. Aber meine Mutter erkannte mich. Monatelang hatte sie meinen Namen nicht erwähnt, jetzt fiel er ihr wieder ein: »Dietmar!« Sie klang erfreut und wandte sich ihrer Gefährtin zu, um zu erklären, wer ich war. Die Erklärung blieb in einem unentzifferbaren Viertelsatz stecken, doch bei der Gefährtin stieß sie auf Verständnis. Womöglich war das Thema schon wieder ein anderes. Sie erwiderte etwas, meine Mutter ging froh darauf ein. Die geheimsprachliche Konversation wurde fortgesetzt. Ich war vergessen.

Spaziergänge

Unübersehbar hatte meine Mutter seit ihrem Einzug an Helligkeit und Lebenslust gewonnen. Die Geselligkeit, so rudimentär sie mir erscheinen mochte, tat ihr gut. Bei meinem Vater ging es zwei Jahre später genauso. Im Gegensatz zu ihr nahm er an den angebotenen Veranstaltungen nicht teil, ließ sich nicht um zehn Uhr im Aufenthaltsraum ausgewählte Zeitungsartikel vorlesen, ließ sich bei keiner Gymnastik den Ball zuwerfen, keine Kindergeschichte erzählen, machte keinen Ausflug, keinen Diavortrag, keinen Spaziergang mit. Dass an seiner Tür alle paar Stunden jemand klopfte und nach seinem Befinden fragte oder das Essen brachte, dass ihn jemand berührte, kämmte, rasierte, wusch, war Ansprache und Belebung genug. Wie oft hatte er sein Grauen vor dem Heim bekundet! Im dritten Monat seines Aufenthaltes traute ich mich, eine heikle Frage zu stellen: »Wie sehr vermisst du dein Haus?«

Er antwortete: »Wenn ich ehrlich bin, überhaupt nicht.«

Ich vermisse ebenfalls nichts. Oder ich vermisse nur das,

was ich immer schon vermisst habe, was ich aber nie benennen konnte und jetzt erst recht nicht benennen kann. Die Leute hier sind die, die sie vorher waren. Die meisten sind lediglich deutlicher geworden, nachdem der gesellschaftliche Lack nach und nach abgeplatzt ist. Bei manchen hat es anfangs eine Phase der Furcht und der Orientierungssuche gegeben: Was soll ich hier? Wo bin ich überhaupt? Diese Suche legt sich. Sie kommt an ein Ende. Irgendwann siegt die innere Gewissheit, dass alles Suchen von Anfang an überflüssig war. Der Gedanke, irgendetwas müsse noch zu finden sein, verblasst. Ende der Suche. Frieden.

Meine Mutter riss zu Beginn ihres Aufenthaltes ein paarmal aus und wurde auf fröhlicher Wanderschaft am Rande irgendeiner Landstraße eingeholt. Bald gab sich ihre Unruhe. Sie tippte noch mit dem Fuß auf den Boden. Und sie ging noch spazieren. Mit mir oder mit anderen. Zu den Angeboten des Heimes gehörte ein Begleitdienst. Freiwillige Wohltäterinnen aus dem Ort kamen an schönen Tagen, um orientierungsarme Bewohner an die frische Luft zu geleiten. Jedenfalls meinte ich, so etwas auf der Homepage gelesen zu haben.

Als ich sie an einem Spätsommertag nicht in ihrem Zimmer antraf und auch nicht in einem der Aufenthaltsräume, nahm ich an, sie sei auf eigene Faust ausgerückt, und setzte mich ins Auto, um sie zu suchen. Ich brauchte nicht weit zu fahren, da sah ich sie schon. Zu meiner Beruhigung schritt sie am Arm einer Spaziergeh-Helferin gemächlich die Birkenallee entlang, die zum Naturschutzgebiet führt. Ich hielt an und stieg aus, um den beiden Gesellschaft zu leisten.

Die ehrenamtliche Begleiterin, bebrillt, ländlich gekleidet, nicht mehr ganz jung, machte einen liebenswürdigen Eindruck. Ich kannte sie nicht. Ich stellte mich vor und lobte sie: »Sie gehören also zu den Freiwilligen, die hier den Spaziergeh-Dienst versehen! So etwas finde ich großartig!«

Sie nickte bescheiden. Meine Mutter lächelte mir zu wie einem aus Freundlichkeit aufgenommenen zufälligen Wandergesellen.

»Wohnen Sie hier im Ort?«, fragte ich die Spaziergängerin.

»Ja, natürlich!« Sie wandte sich um zu jenem alten Ortszentrum, in dem es im Schatten hoher Eichen noch ein paar reetgedeckte Fachwerkhäuser gab.

»Dann sind Sie hier geboren?«, vermutete ich.

Nein, das war sie nicht. In der Heide hatten sich nach dem Krieg Flüchtlinge aus Pommern und Ostpreußen angesiedelt. Sie war alt genug, um zu diesen Siedlern zu gehören.

»Oder sind Sie irgendwann hierhergezogen, wie meine Eltern?«, wollte ich wissen.

»Ja, natürlich!«

»Kennen Sie meine Eltern schon länger?«

»Ja, natürlich!« Sie schien ein bisschen empört, dass mir diese alte Freundschaft nicht geläufig war.

Verlegen über mein Unwissen, fragte ich: »Wie heißen Sie denn?«

»Gressmann!«

Ich musste gestehen, dass ich den Namen nie gehört hatte. Es war beschämend. Ich wusste wenig über das Landleben meiner Eltern und nichts über ihre Freunde hier. Nachdem sie in die Heide gezogen waren, hatte ich mich kaum noch um sie gekümmert. Das war erst jetzt anders geworden, aus Notwendigkeit.

»Und wenn Sie hierher zum Spaziergeh-Dienst kommen«, forschte ich weiter, »begleiten Sie dann speziell meine Mutter, weil sie die ja seit Langem kennen, oder gehen Sie auch mal mit anderen?« Mit langsamem Schritt wanderte ich neben den beiden her.

»Nein.«

»Nein? Also nie mit anderen?«

Frau Gressmann sah mich freundlich an und schwieg. Aus ihrem Blick las ich, dass sie meine Frage nicht verstanden hatte. Und jetzt auf einmal begriff ich den Verlauf des Gesprächs. Sie hatte nicht das Geringste gesagt. Sie war immer nur vage dem Ton meiner Frage gefolgt.

Nun wollte ich wissen: »Ist Ihnen bekannt, wie meine Mutter heißt? Die Frau an Ihrer Seite?« Und frecher: »Haben Sie eine Ahnung davon, was Spaziergeh-Dienst ist?« Da sie nicht antwortete, aber höflich lächelte, entschied ich: »Sie warten hier, ich hole das Auto und bringe Sie zurück.«

Vom Heimleiter hatte ich Erleichterung und Dank erwartet, als ich mit den beiden vorfuhr. Stattdessen lachte er leichtherzig. »Ja, ja, das ist die Frau Gressmann. Die reißt nur aus, wenn sie jemanden findet, der mit ihr geht.«

Jahrestage

Ungefähr um dieselbe Zeit unternahm mein Vater, der noch in seinem Haus wohnte, seinen letzten selbstständigen Ausflug. Er begab sich zur Beerdigung eines Freundes. In jenen Tagen fuhr mein Vater noch Auto, der Sicherheit halber gewöhnlich auf der Straßenmitte, wo der durchbrochene Streifen die Fahrbahnen trennt. Gelegentlich, aber nur, wenn niemand entgegenkam, fuhr er auch ganz und gar auf der anderen Seite. Beim Abbiegen und an Vorfahrtsstraßen würgte er den Motor ab. Zum Ausgleich ließ er ihn anschließend aufheulen.

Immerhin, an jenem Septembertag gelangte er unfallfrei und pünktlich in den zwanzig Kilometer entfernten Ort, in dem sein Freund zu Grabe getragen werden sollte. Er fand nicht auf Anhieb den Friedhof und wurde unruhig, als er durch verschlungene Straßen mit Einfamilienhäusern irrte. Doch er war mit genügend Zeitpuffer losgefahren, fragte sich durch und gelangte noch früh genug zur Kapelle. So früh sogar, dass er der Erste war. Erschöpft setzte er sich auf eine Bank in die Sonne und wartete.

Als nach zehn Minuten niemand eingetroffen war und auch nach zwanzig Minuten nicht, als er nach einer halben Stunde immer noch der einzige Trauergast war, begab er sich in die Telefonzelle vor dem Eingang und rief mich an.

»Waldfriedhof Schneverdingen, das ist doch richtig?«, wollte er wissen.

»Das ist richtig«, antwortete ich, denn ich konnte mich genau an den Friedhof erinnern.

»Um elf hätte die Trauerfeier beginnen sollen«, beschwerte er sich. »Ich stehe seit einer halben Stunde hier, und niemand ist da. Heute ist doch der 17. September?«

»Ja, da hast du mal wieder völlig recht«, bestätigte ich mit unterdrücktem Ärger. »Und die Trauerfeier hat tatsächlich um elf begonnen. Sie war kurz nach halb zwölf zu Ende. Anschließend haben wir deinen Freund zu Grabe getragen. Unter großer Anteilnahme. Am 17. September. Es ist auf Tag und Stunde genau ein Jahr her. Ich habe dir oft genug gesagt: Wirf die alten Briefe weg. Schichte sie nicht immer nur um. Wirf sie weg. Die Postkarten, die Glückwünsche, auch die Traueranzeigen, ab in den Müll, und streiche die alten Termine durch!«

Mein Vater war zerknirscht, aber nur kurz. »Da ist ja seine Frau!«, rief er aufgeregt und hängte ein.

Tatsächlich war er nun der Einzige, der die Witwe am Jahrestag zum Grab begleitete.

Sie vergaß es ihm nicht. Ein Jahr später gehörte sie zu den wenigen, die ihn im Heim besuchten. Nun war ich dankbar für seinen Irrtum. Ich war ihr dankbar. Jedem war ich dankbar, der mir einen Besuchstag abnahm. Besonders, wenn mein Vater am Nachmittag bereits vergessen hatte, dass ich am Vormittag da gewesen war, und mich tadelnd anrief: »Wo bleibst du denn? Du wolltest doch heute kommen?«

Du kennst so etwas mittlerweile. Du hast gelernt, darüber zu lachen. Und ich glaube, du hast das Telefon mittlerweile abgemeldet? Oder weiß ich nur nicht mehr, wie man wählt?

Das Telefon meines Vaters hatten wir wie für ein Kind so programmiert, dass ein einziger Tastendruck genügte, um mich zu erreichen. Deshalb war ich der Letzte, den er noch anrief, bevor ihm auch dieser Tastendruck unwichtig wurde. Bis dahin kam es vor, dass er nachts anrief: »Ihr Name steht hier für Dienstag in meinem Kalender. Stimmt der Termin noch?«

Um die Störung für mich in einen Spaß zu verwandeln, griff ich seinen Ton auf: »Das stimmt, Herr Bittrich. Es ist Ihr persönlicher Termin für die Singstunde. Gut, dass Sie noch einmal nachgefragt haben.«

Er legte auf. Das Wort Singstunde konnte ihn nur abschrecken. Doch nun war ich entschlossen, mit ihm hinzugehen. Dazu musste ich mich selbst überwinden. Heute möchte ich das Erlebnis nicht missen. Es klingt unsterblich nach.

Rullala

Das ist nichts für mich«, erklärte er, als ich ihn am Dienstagnachmittag nötigte, seine Klause zu verlassen und sich in den Aufenthaltsraum zu bemühen. Da saß er dann am Rande einer großen Schar knisternder alter Damen und einiger lustiger Greise, von denen die meisten ihren Platz eingenommen hatten, lange bevor die Musikerin eintraf. Die wehte jung und schwungvollen Schrittes herein, mit einer Gitarre und einer Tasche voller Liederhefte, bewaffnet mit einem Frohsinn, den ich mir im Privatleben anstrengend vorstellte. Hier umgab er sie wie ein Strahlenkranz. Sie verteilte die Hefte, rief Titel und Seitennummern in den Raum, schlug einen Akkord an und sang wie eine Kindergärtnerin vor. Es waren Volkslieder, die nun eines nach dem anderen mitgesungen oder mitgemurmelt wurden, zumindest die erste Strophe.

Ich erinnere mich nur an einen einzigen betäubenden Refrain: »Rulla, rulla, rullala, rulla, rulla, rullala«. In dem endlosen Lied von der schwäbischen Eisenbahn kommt er gefühlte drei Dutzend Mal vor. An diesem Nachmittag war es der einzige Vers, den alle lauthals mitsingen konnten. Jedes andere Lied ging rasch unter im verwaschenen Versuch der Musikfreunde, zugleich dem Text und der Melodie zu folgen. Auch sämtliche Strophen des Eisenbahnliedes versanken. Doch das »Rullala« erhob sich trompetenhaft und triumphal und ließ das Haus bis unter den First erzittern. Bereits nach der zweiten Strophe hatte ich meine Hemmschwelle überwunden und sang lauthals mit. Mein Vater, erkennbar irritiert, stimmte ein.

Ich hätte mir bis dahin nie vorstellen können, dass ich mit diesem Eigenbrötler, der Gruppenveranstaltungen von jeher verabscheut hatte, irgendwann in so einer bizarren Versammlung sitzen und Volksgut schmettern würde. Auch jetzt würde niemand mir glauben. Ich grub mein Handy aus der Tasche und wählte die Nummern ausgewählter Freunde, um sie per Direktübertragung an unserem Konzert teilhaben zu lassen. Meine Frau war nicht erreichbar. Diesem Umstand verdanken wir einen unvergleichlichen Mitschnitt, live aus dem Aufenthaltsraum der Gedächtnislosen. Das »Rulla, rulla, rullala« ging ungefiltert auf den Anrufbeantworter und konnte später ins MP3-Format übersetzt werden. Der Refrain ist bis heute der Trost meiner gesangsfreien Stunden.

Von diesem Ereignis angespornt, schwang ich mich wenig später selbst zu dem Versuch auf, dieses ungewöhnliche Publikum zu erheitern. Ich fühlte mich als Missionar der Kultur in wüster Gegend. Die Leitung des Heimes hatte mich um eine Lesung gebeten. Oder hatte vielmehr ich die Leitung des Heimes darum gebeten? Ja, ich fürchte, so war es. Ich hatte den Wunsch, mich wohltätig zu fühlen. Um ihn mir zu erfüllen, wurde nun dieselbe Schar einberufen und nahm auf denselben Stühlen genauso rechtzeitig Platz. Mein Vater war wieder dabei. Man hatte mir zu verstehen gegeben, eine halbe Stunde sei ausreichend. Dafür hatte ich kurze und lustige Texte ausgewählt.

Natürlich kannte ich die Stellen, an denen sich die Zuhörer bei Lesungen amüsierten. Es waren Pointen dabei, nach denen ich zuverlässig eine Pause einplanen konnte, um zufrieden Wasser zu trinken. Das Lachen musste sich erst legen. Nicht hier. Hier scharrten in meinen Pausen die Füße. Gelegentlich wurde auch gelacht, ja, durchaus, ich hörte das heisere Meckern, auch ein Grunzen, ein raschelndes Kichern, aber niemals nach Pointen. Wurden die Pointen anderswo geortet, als ich sie gesetzt hatte? Während ich meine Verunsicherung bezwang, indem ich stur dem bewährten Programm folgte, versuchte ich herauszuhören, worüber sich die Leute hier amüsierten.

Es waren die einfachsten Sätze. Sätze, hinter denen sich weder Witz noch doppelter Boden verbargen. »Reisen kann schön sein« bekam Lacher und »Am folgenden Tag regnete es« oder »Der Bus fuhr ab« oder »Der Frühstückstisch war gedeckt«. Nach so einem Satz lachten sie? Weshalb? Oder, fiel mir dann ein, verging in diesen Sphären lediglich so viel Zeit, bis die Pointen gelandet waren? Wurde also das Lachen nach hinten verschoben wie in einem schlecht synchronisierten Film? Es lachten auch nicht alle zur selben Zeit. Eine aristokratisch anmutende Dame gluckste lautlos und irre die ganze Zeit über, als sei nichts Alberneres denkbar als mein Auftritt. Manche schienen als Echo auf Geräusche von anderen zu lachen. Es gab einen kahlen Herren, er war sicher neunzig, der als Trendsetter amtierte; wenn er lachte, fielen die Umsitzenden ein.

Mein Vater nicht. Mein Vater folgte nicht dem Diktat anderer Männer, Ärzte ausgenommen. Jetzt folgte er nicht einmal mir. Während ich mich durch die dritte kurze und anerkannt lustige Geschichte mühte, begann er in der ausliegenden Hauszeitschrift des Heimes zu blättern. Dafür hatte er sich nie interessiert. Es lohnte auch nicht. Nun versenkte er sich darein. Andere ahmten ihn nach. Die Dame neben ihm gab bekannt, sie müsse aufs Klo. »Bitte gehen Sie, es stört niemanden«, log ich und las weiter. Als ich mein Glas mit Wasser füllte, wurde gelacht. Während der folgenden

Geschichte, mit der ich zu enden beschloss, trat eine Küchenangestellte herein. Sie schob einen Servierwagen für das Geschirr, das vom Kaffeetrinken noch auf den Tischen stand. Steinern und rätselhaft begann sie nun Tassen und Teller und Teelöffel abzuräumen, dass es klirrte und schepperte, meinen Vortrag erbarmungslos übertönend.

Eine Verschwörung ärgster Feinde zur Untergrabung meines Selbstbewusstseins hätte nicht besser organisiert sein können. Nur war hier nichts organisiert. Hier ließ sich nichts organisieren. Das war das Problem. Es gab keinen erkennbaren Mechanismus, nach dem Zustimmung oder Ablehnung ausgelöst wurde. Kein Prinzip lag diesem Amüsement zugrunde. Ich begnügte mich mit der Ahnung, dass Ironie nicht verfangen kann bei Menschen, denen die Meisterschaft im Vergessen vergönnt ist. Zynismus erst recht nicht. Es verhält sich wohl wie bei Kindern. Kinder haben noch nicht den Wunsch – und die Alten nicht mehr –, sich durch einen Witz zu distanzieren oder sich als überlegen darzustellen. Und daraus entsteht Ironie.

Ich allerdings hatte diesen Wunsch noch. Um doch noch Beifall zu bekommen, und zwar Beifall, der sich auf meine Leistung bezog, nicht auf eine zufällige Pause zwischen zwei Worten, besann ich mich zum Schluss auf ein sicheres Erfolgsrezept. Ich hatte es erst vor Kurzem kennengelernt. Es hatte fabelhaft funktioniert. Und falls es jetzt nicht funktionieren sollte, war mir das mittlerweile gleichgültig. Ich klappte mein Buch zu. Ich nahm den Schwung auf, den ich bei der Gitarristin gesehen hatte, breitete die Arme aus und dirigierte, auf dass alle einstimmten. »Rulla, rulla, rullala, rulla, rulla, rullala«, sang ich lauthals, dann, einer vagen Erinnerung folgend: »Stuttgart, Ulm und Biberach, Meckenbeuren, Durlesbach!« Und noch einmal: »Rulla, rulla, rullala, rulla, rulla, rullala ...«

Zum ersten Mal blickten alle mich an. Sie ließen ab von ihren nestelnden Nebenbeschäftigungen. Niemand stimmte ein, doch ich hatte das Gefühl: Jetzt habe ich euch! »Rulla, rulla, rullala …« Als ich es zum dritten Mal mit clowneskem Überschwang hinausposaunte, immer noch Solist, öffnete sich die Tür. Die Heimleiterin schaute herein. Sie wollte mir lediglich zu verstehen geben, dass der übliche Zeitrahmen für dergleichen Veranstaltungen bereits überschritten sei. Lächelnd deutete sie auf die Uhr und hielt schon inne in dieser Bewegung. Das Lächeln blieb maskenhaft stehen.

Dieses Lächeln schwebt mir vor Augen. Nach einem Moment der Sammlung dankte sie mir herzlich. Ich hätte allen eine große Freude bereitet. Aber ich weiß: Wer damals bereits meine Aufnahme ins Heim beantragt hätte – ihrer Unterstützung wäre er sicher gewesen.

Lächeln

Und es hat ja geklappt. Ich bin da. Es hat ein bisschen länger gedauert. Ich nehme an, es ist ein anderes Heim. Und wohl eine andere Leiterin. Aber sie hat dasselbe Lächeln. Auch die Gefährten hier müssten eigentlich andere sein als die meines Vaters oder meiner Mutter. Doch sie sehen genauso aus und folgen denselben Gewohnheiten. Zupfen, Putzen, Klopfen, Dösen. Tok, tok, tok, klack, klack, klack, tap, tap, tap. Kratzen, Schaben, Schurren, Schlurfen. Nichts sehen, nichts hören, nichts sagen. Oder jedenfalls wenig von alledem. »Das ist es«, »bei diesem Wetter«, »unglaublich«, »sind Sie denn auch«, »das wäre ja was«, »toll«, »aber doch schön«. Alles wahr. »Oh, oh«, »Ja, ja«. Klingt plausibel.

Hallo? Bist du noch da? Sicher. Du schreibst ja diese Geschichte zu Ende. Und wie spät ist es inzwischen? Zeit für unseren Spieletreff? Ich habe hier ein paar Leute getroffen, die ich zu kennen glaube. Aus dem Club der Zerstreuten. Sie spielen Memory. Nicht um zu gewinnen, sondern um zu lachen. Ich bin dabei. Anfangs haben wir nur das klassische Set benutzt, das einzige, das es bis in die Siebzigerjahre gab, mit den Bildern vom Dampfer und vom Pfau und von den Streichhölzern und der Gans Petunia und den Punkten und Streifen und Karomustern. Damit sind wir aufgewachsen. Inzwischen hat uns die Pflegeleitung noch ein Kinder-Memory zur Verfügung gestellt, weil es nur vierundzwanzig Paare enthält, im Glauben, das sei leichter. Es hat eher Verwirrung gestiftet.

Wir brauchen keine Erleichterung. Wir fühlen uns erleichtert genug. Möglicherweise haben wir es nie sonderlich schwer gehabt. Soviel ich weiß, hat keiner von uns einen Krieg mitmachen müssen. Keiner brauchte sich an einem Wiederaufbau zu beteiligen. Keiner musste sich schuldig fühlen wegen irgendeiner Vergangenheit. Keiner brauchte sich etwas vorwerfen zu lassen. Im Gegenteil. Wir durften anderen etwas vorwerfen. Das war erfrischend. Wir durften frühere Generationen als Verantwortliche des Krieges ausspähen und fremde Mächte der Unterdrückung anklagen. Das hat gutgetan. Wir haben die Verdrängung unserer Eltern entdeckt und ihnen ihre Schuld vorgerechnet. Das war wunderbar entlastend. Wir haben sie ermahnt, die Vergangenheit ja nicht zu vergessen. Es war herrlich!

Und jetzt vergessen wir die eigene Vergangenheit. Das ist noch um vieles erleichternder. Zumal es gerade rechtzeitig geschieht, bevor jemand auf die Idee kommen könnte, uns zur Verantwortung zu ziehen. Die Idee käme mittlerweile zu spät. Hier kann niemand mehr zur Verantwortung gezogen werden. Wir sind jenseits davon. Ich wüsste auch nicht, wofür. In unserer überwältigenden Schrulligkeit sind wir nur für Gutes verantwortlich. Unsere Mehrheit prägt das Land. Wir sorgen dafür, dass es sich verlangsamt. Dass es verzaubert und wunderlich wird. Die angrenzenden Länder entspannen sich angesichts all der närrischen Wackeligkeit. Die Touristen haben eine Menge zu lachen in diesem Zoo. Fremde Armeen sind gerührt. Ich bin nicht einmal mehr sicher, ob wir noch eingehegt sind in einem Heim oder ob nicht das ganze Land zum Heim erklärt worden ist. Es kommt mir so vor. Dann ist es sicher zu einem beliebten Einwanderungsland geworden.

Lass uns noch ein paar langsame Runden um den Rasen gehen. Es ist Frühling. Wir können auch auf der Veranda ein paar Alben betrachten, deren Fotos mir nichts sagen. Ich schlage vor, dass wir sie unter die Memory-Kärtchen mischen. Die anderen haben das Spiel auch schon um Postkarten und Ahnenbilder erweitert. Die Kärtchen vom Liegestuhl und vom Segelschiff und von der Geburtstagstorte stammen von dir? Gib sie einfach dazu. Niemand hier sucht noch nach passenden Pärchen. Es passt ohnehin alles. Es passte von jeher. Ende der Suche. Und Frieden. Auf der Torte sind sechsunddreißig Kerzen? Genau mein Alter.

Lass mich mischen, solange diese Hände mischen können. Bevor ich mich in die Embryonalstellung rolle und in die vollendete Geborgenheit einmummele, wirst du bemerken, dass der letzte Zusammenhang zwischen Worten und Dingen verschwindet. Um diese Zeit werde ich beginnen, meinen eigenen Körper als fremd zu erfahren. Genau so, wie es den Heiligen im Moment ihrer Entrückung geschieht. Sie betrachten Hände und Füße wie Gegenstände, die nicht zu ihnen gehören. Sie spüren auf einmal, dass sie niemals in ihrem Körper gelebt haben. Sondern umgekehrt, dass der Körper in ihnen gelebt hat. Als Phänomen erschien er im Raum jenes umfassenden Bewusstseins, das ihre wahre Natur ist. Ich bin schon dabei, genau das zu erleben.

»Du kannst nur verlieren, was nicht zu dir gehört«, hat Meister Eckhart gesagt, bevor ihm das Gedächtnis abhandenkam. Mal sehen, was übrig bleibt. Was gekommen ist, wird gehen. Ist schon gegangen. Schließlich wird auch das Lächeln dazugehören. Neugeborene können noch nicht lächeln. Nach zwei Monaten beherrschen sie es. Am Ende ist es das Letzte, was der Körper wieder verlernt. Nur versehentlich taucht ein Lächeln dann noch einmal auf. Na gut. Einverstanden. Gehen wir in den Club? Ich glaube, ich werde lächeln.

Über den Autor

Dietmar Bittrich altert als freier Schriftsteller in Hamburg. Bei Hoffmann und Campe erschienen zuletzt seine Reiseabenteuer *Urlaubsreif*, der Familienroman *Die Freie Liebesgeschichte der Hansestadt Hamburg* und das einzig wirksame Buch gegen Schlaflosigkeit *Gute Nacht – Mit deutscher Dichtung in den Tiefschlaf*.